JOSENILDO FEIJÓ

ACTIVE DIRECTORY

Mergulho Profundo

Volume 2

EDITORA CIÊNCIA MODERNA

Active Directory - Mergulho Profundo – Volume 2

Editor: Paulo André P. Marques
Produção Editorial: Dilene Sandes Pessanha
Capa: Daniel Jara
Diagramação: Daniel Jara
Copidesque: Equipe Ciência Moderna

FICHA CATALOGRÁFICA

FEIJÓ, Josenildo.

Active Directory - Mergulho Profundo – Volume 2

Rio de Janeiro: Editora Ciência Moderna Ltda., 2023.

1. Informática – Redes de Computadores
I — Título

ISBN: 978-65-5842-216-7 CDD 001.642

Editora Ciência Moderna Ltda.
R. Alice Figueiredo, 46 – Riachuelo
Rio de Janeiro, RJ – Brasil CEP: 20.950-150
Tel: (21) 2201-6662/ Fax: (21) 2201-6896
E-MAIL: LCM@LCM.COM.BR
WWW.LCM.COM.BR

01/23

"Você ainda não sabe, mas esses são bons velhos tempos "
David Cutler

Microsoft Technical Recognition Award for Career Achievement
National Medal of Technology and Innovation
Microsoft Senior Technical

"À minha mãe, minha protetora, minha consolação e guia."
À minha querida e amada esposa, Claudia,
ás nossas joias mais preciosas, filhas Letícia e Mariana,
à minha mãe, sogra Lucinda, tia Lia, as minhas irmãs Josi e
Dieri ao, irmão Lito, cunhados Santiago, Thiago, Egildo, Néia e Móris.

Sumário

Capítulo 1

Introdução
O *Active Directory* Morreu?

1. Introdução

No capítulo inicial do volume 1 do Mergulho profundo, falamos do surgimento do *Active Directory*, da sua evolução a cada versão do Windows Server e os principais recursos adicionados ao longo dos anos.

Agora quero fazer com vocês uma pequena reflexão sobre o futuro do Active Directory e o porquê de ter convicção de que o conhecimento profundo nele será importante para seu futuro profissional, isso tanto para você que vai começar ou que já administra um ambiente com o Active Directory.

Vamos começar dando a dimensão do uso do *Active Directory* no mundo corporativo. Hoje estima-se que em cerca de 80% das organizações em todo o mundo, todas as contas e senhas de usuários organizacionais são armazenadas, protegidas e gerenciadas no *Active Directory* e quase todos os computadores organizacionais são associados, protegidos e gerenciados pelo *Active Directory*.

Com 1 bilhão de dispositivos Windows 10, número informado pela Microsoft em março de 2020, considerando que pelo menos a metade deles são computadores de trabalho, que quando conectados à rede interna, conversam com o *Active Directory*, constatemente para operações como:

- Autenticação de rede, com ou sem fio
- Impressoras e compartilhamentos de arquivos
- Permissões em aplicativos hospedados
- Políticas do usuário

- Políticas de expiração de senha
- Políticas de Segurança
- Sincronização de hora da rede
- Restrições de instalação de software

É irreal acreditar que essa imensa infraestrutura, possa simplesmente amanhã, semana que vem, ano que vem ou daqui a 10 anos estar totalmente na nuvem. Ainda mais quando muitos especialistas e estudiosos da área apostam em uma infraestrutura híbrida, que vai estar presente em muitas empresas.

O *Azure Active Directory* e o mais recente *Azure Active Directory Domain Services*, são soluções incríveis e que certamente em algum momento serão utilizados, nem que seja de forma parcial, pelas empresas. Mas isso na maioria dos casos não representa necessariamente a morte do *Active Directory*, no ambiente. Um bom exemplo disso é o uso do Office 365 ou Microsoft 365, em que o seu acesso, na maioria dos casos, é controlado usando grupos de segurança de domínio, do Active Directory, assim como o acesso aos arquivos que estão armazenados no *sharepoint,* usando Azure AD connect.

Levanto outro aspecto, que impulsiona a necessidade dos administradores do Active Directory, iniciais ou experientes, aprofundarem seus conhecimentos: as regulamentações de proteção a dados, como a GDPR e a LGPD, que exigem ações firmes de controles, revisões de configurações, novos níveis de acessos e garantias de disponibilidade. Isso, porque em redes baseadas no Windows, todos os três As da segurança cibernética, ou seja, autenticação, autorização e auditoria, são completamente integrados e dependem do *Active Directory*. Diante disso, acredito que os administradores serão cada vez mais requisitados e responsabilizados a ter um ambiente do Active Directory, mais seguro, organizado e controlado, e isso não é possível conseguir sem um nível alto de conhecimento.

Portanto, meus amigos e amigas, estudem, se preparem para administrar com segurança e eficiência o *Active Directory*, sob sua responsabilidade, e claro, fiquem atentos às novas tecnologias de *cloud computing* e como elas irão interagir com o seu ambiente atual.

Mas, certamente, posso afirmar que o ***Active Diretory*** não Morreu.

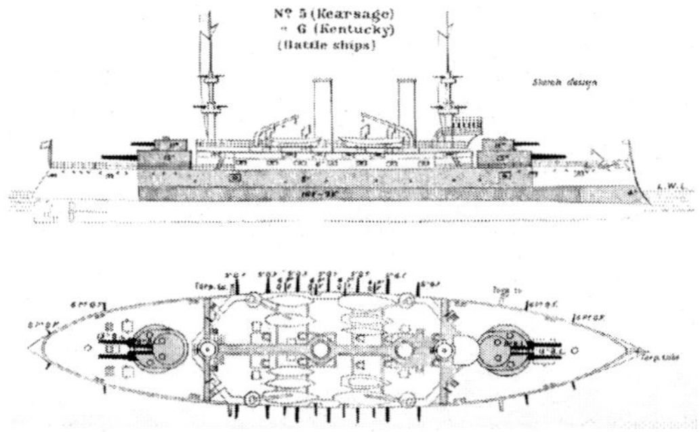

Capítulo 2

Active Directory Schema

No volume 1, iniciamos nosso estudo do Esquema do *Active Directory*, com sua definição e abordando suas características e especificamente o atributo ***schemaVersion***, que armazena o valor relativo à versão atual do esquema do AD.

Vamos dar sequência agora, entrando fundo na sua estrutura, sintaxes e operações relacionadas.

2.1 Arquitetura

O esquema do *Active Directory* contém definições de cada classe de objeto que pode ser criado dentro do *Active Directory*. O esquema também contém definições sobre cada atributo que pode existir em um objeto do *Active Directory*. São exatamente estes objetos e atributos que o *Active Directory* usa para armazenar e referenciar dados, o próprio esquema é armazenado no diretório, como vimos em detalhes no volume 1, no **tópico Estrutura Física**.

2.1.1 Objetos de *Schema*

É importante compreender que o *schema* é armazenado na partição do esquema (O repositório de diretório do *Active Directory* está organizado em partições lógicas de diretório. Há três tipos diferentes de partições de diretório: **configuração, esquema** e **aplicativo**), que também é definido como um objeto no diretório. Os chamados objetos de esquema são, na verdade, os próprios atributos e classes do esquema que estão armazenados na partição de esquema como objetos de diretório. A própria partição do esquema é representada no *Active Directory* por um objeto que é uma instância da classe **DMD** (*Directory Management Domain*).

O fato do esquema está armazenado no próprio diretório traz vantagens consideráveis a certas operações, como no caso dos aplicativos de usuários que podem localizar o esquema, para descobrir quais tipos de objetos e propriedades estão disponíveis, usando o mesmo processo que eles usam para localizar qualquer outro objeto no esquema, já que o esquema é armazenado, com o resto dos dados no diretório.

Um objeto de esquema, chamado objeto ***classSchema***, define cada classe no esquema. Outro objeto de esquema, chamado objeto ***attributeSchema***, define cada atributo no esquema. Portanto, cada classe é realmente uma instância da classe ***classSchema***, e cada atributo é uma instância da classe ***attributeSchema***, conforme mostra a figura a seguir:

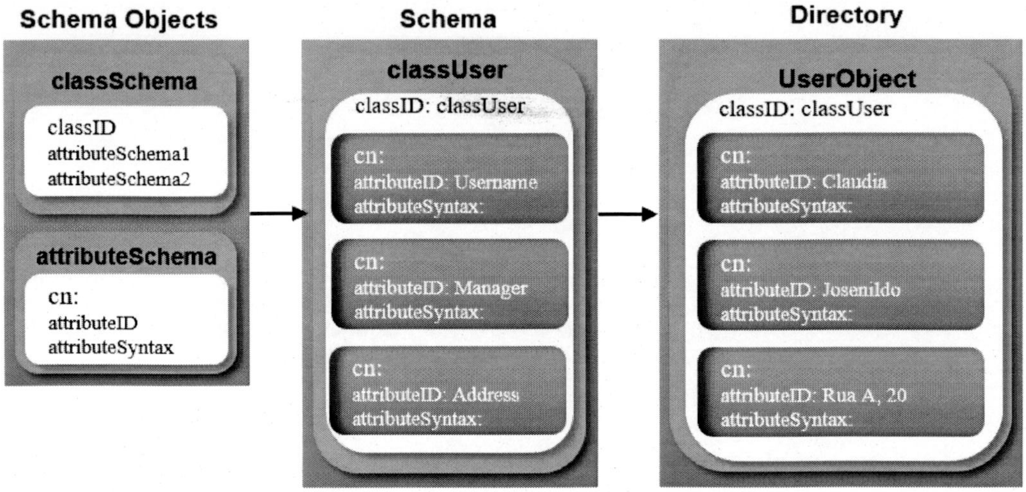

Fig. 01 – Esquema demostrando a relação de Objetos *Schema* – *Schema* e Diretório

2.1.2 classSchema

O objeto ***classSchema*** é basicamente um modelo que contém as regras para criar objetos classe do *Active Directory*. Quando acontece a criação de um novo objeto classe, o objeto ***classSchema*** assegura que o novo objeto criado tenha os mesmos atributos que todos os demais objetos da classe.

Um dos aspectos importantes definidos pelo objeto ***classSchema*** são as restrições para objetos que são instâncias da classe:

- Atributo ***mustContain***, incluem atributos obrigatórios que devem estar em qualquer objeto que seja uma instância desta classe;
- Atributo **mayContain**, que incluem atributos opcionais que podem ser encontrados em um objeto que é uma instância dessa classe;
- **Regras de hierarquia,** que determinam os possíveis pais na árvore de diretórios de um objeto que é uma instância da classe.

Importante saber
Um objeto pode ter atributos que pertencem apenas à lista ***mustContain*** ou a lista ***mayContain*** para a classe.

2.1.3 Atributos para o objeto *classSchema*

Abaixo são listados os atributos que o objeto ***classSchema*** pode ter:

- **Atributo**
  Nome do Atributo

- **Sintaxe**
  A sintaxe de um atributo estabelece as regras de representação de armazenamento, ordenação de bytes e correlação para comparações de tipos de propriedades. Portanto, a sintaxe define se o valor do atributo deve ser um número, uma string ou uma unidade de tempo. Todo e qualquer atributo de um objeto, dentro do esquema, está associado à uma sintaxe. Observe que as sintaxes não são representadas como objetos no esquema, mas são programadas para serem entendidas perfeitamente pelo Active Directory. É importante saber que as sintaxes permitidas no *Active Directory* são predefinidas, ou seja, não é possível adicionar novas sintaxes.

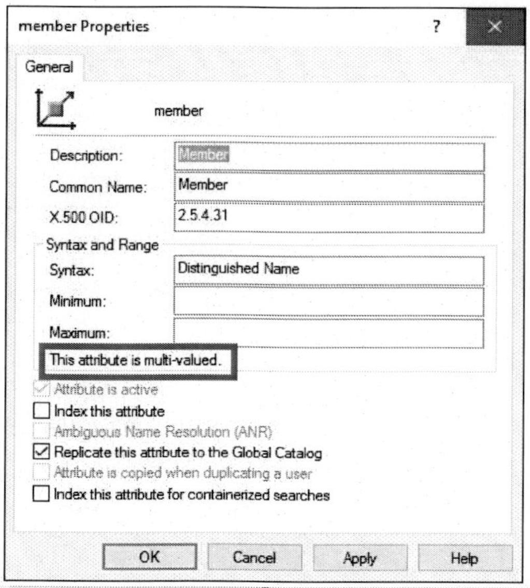

Fig. 2 - Propriedades do Atributo member (membro) com a informação que é Multivalor

- **Obrigatório**
  Atributos obrigatórios são atributos de objeto em que existe a obrigação de se especificar valores. Caso não seja especificado um valor para um atributo obrigatório, o atributo recebe um valor padrão ou até mesmo acontece de o objeto não ser criado até que seja especificado um valor para o atributo. Os atributos obrigatórios do objeto são determinados pela classe que o objeto pertence.

- **Multivalor**
  A característica de Multivalor define se um determinado atributo possui um valor único ou pode conter vários valores. Vejamos, no caso do atributo senha em um objeto de usuário, existe apenas um valor único associado: a **senha** que pertence a conta de usuário. Já os atributos **membro / membro de** podem conter

vários valores: uma lista dos usuários que são membros de um determinado grupo e a lista de grupos de que o usuário é membro. Cada item da lista é armazenado como um valor separado nos atributos **membro / membro de**. Portanto, os atributos, como os **membro / membro de**, são chamados de atributos "**multi-valores**".

- **Descrição**
  Descrição detalhada do atributo

Atributo	Sintaxe	Obrigatório?	Multivalor?
Cn	Unicode	Sim	Não
Descrição: Nome distintivo relativo descritivo para o objeto de esquema			
governsID	Identificador de objeto	Sim	Não
Descrição: O identificador do objeto que identifica de forma exclusiva esta classe			
lDAPDisplayName	Unicode	Sim	Não
Descrição: O nome pelo qual os clientes LDAP identificam essa classe			
schemaIDGUID	String (Octeto)	Sim	Não
Descrição: O GUID que identifica exclusivamente esta classe			
rDNAttID	Identificador de objeto	Não	Não
Descrição: O nome relativo distinto de instâncias desta classe (OU, CN)			
subClassOf	Identificador de objeto	sim	Não
Descrição: A classe a partir da qual esse objeto herda atributos			
systemMustContain	Identificador de objeto	Não	sim

<table>
<tr><td colspan="4">Descrição:

A lista de atributos obrigatórios para instâncias desta classe. Esta lista não pode ser alterada.</td></tr>
<tr><td>mustContain2</td><td>Identificador de objeto</td><td>Não</td><td>sim</td></tr>
<tr><td colspan="4">Descrição:

Os atributos obrigatórios para instâncias dessa classe</td></tr>
<tr><td>systemMayContain</td><td>Identificador de objeto</td><td>Não</td><td>sim</td></tr>
<tr><td colspan="4">Descrição:

Os atributos opcionais para instâncias dessa classe</td></tr>
<tr><td>mayContain2</td><td>Identificador de objeto</td><td>Não</td><td>sim</td></tr>
<tr><td colspan="4">Descrição:

Os atributos opcionais para instâncias dessa classe</td></tr>
<tr><td>systemPossSuperiors2</td><td>Identificador de objeto</td><td>Não</td><td>Sim</td></tr>
<tr><td colspan="4">Descrição:

As classes que podem ser pais desta classe na hierarquia de diretórios

Depois que a classe é criada, esta propriedade não pode ser alterada.</td></tr>
<tr><td>possSuperiors2</td><td>Identificador de objeto</td><td>Não</td><td>Sim</td></tr>
<tr><td colspan="4">Descrição:

As classes que podem ser pais desta classe na hierarquia de diretórios

Para um objeto classSchema existente, os valores podem ser adicionados a esta propriedade, mas não removidos.</td></tr>
<tr><td>systemAuxiliaryClass2</td><td>Identificador de objeto</td><td>Não</td><td>Sim</td></tr>
<tr><td colspan="4">Descrição:

As classes auxiliares a partir das quais esta classe herda seus atributos opcionais (mayContain) e obrigatórios (mustContain)

Após a criação da classe, esta propriedade não pode ser alterada.</td></tr>
<tr><td>Classe auxiliar2</td><td>Identificador de objeto</td><td>Não</td><td>Sim</td></tr>
</table>

<table>
<tr><td colspan="4">Descrição:

As classes auxiliares a partir das quais esta classe herda seus atributos opcionais (mayContain) e obrigatórios (mustContain)

Esta é uma propriedade multivalue que especifica as classes auxiliares de que essa classe herda. Para um objeto classSchema existente, os valores podem ser adicionados a esta propriedade, mas não removidos.</td></tr>
<tr><td>defaultHidingValue</td><td>BOOL</td><td>Não</td><td>Não</td></tr>
<tr><td colspan="4">Descrição:

O estado de proteção padrão para a classe

Se você não deseja que as instâncias da classe exibida na UI para ferramentas de administração do Active Directory Novos menus, você pode definir a classe como oculta.</td></tr>
<tr><td>defaultSecurityDescriptor</td><td>String (Octeto)</td><td>Não</td><td>Não</td></tr>
<tr><td colspan="4">Descrição:

O descritor de segurança padrão atribuído a novas instâncias desta classe se nenhum descritor de segurança for especificado durante a criação da classe ou que seja mesclado em um descritor de segurança se um descritor de segurança for especificado</td></tr>
<tr><td>objectClassCategory</td><td>Inteiro</td><td>Sim</td><td>Não</td></tr>
<tr><td colspan="4">Descrição:

Os tipos de classe são definidos da seguinte forma:

88 Classe = 0

Estrutural = 1

Resumo = 2

Auxiliar = 3

O tipo de classe 88 está incluído para compatibilidade com diretórios mais antigos. O Active Directory não usa 88 objetos de tipo de classe e eles não devem ser usados na definição de novas classes para o Active Directory.</td></tr>
<tr><td>systemOnly</td><td>BOOL</td><td>Não</td><td>Não</td></tr>
<tr><td colspan="4">Descrição:

Um atributo de um objeto classSchema

Se estiver configurado em VERDADEIRO, somente o sistema pode criar e modificar instâncias desta classe. Se estiver configurado como FALSO, as modificações também podem ser feitas por usuários que possuem permissões apropriadas.</td></tr>
</table>

objectClass	Identificador de Objeto	Sim	Sim
Descrição: A classe deste objeto, que é sempre *classSchema*			
nTSecurityDescriptor	NT-Sec-Desc	Sim	Não
Descrição: O descritor de segurança no objeto *classSchema*			
defaultObjectCategory	Nome distinto	Sim	Não
Descrição: A categoria de objeto padrão de novas instâncias desta classe Se nenhum foi especificado, o valor *objectClass* é usado.			

2.1.4 Categorias de Classes de Objetos

O fato de termos diferentes categorias de classes de objeto propicia a definição da estrutura no diretório. A série de padrões para serviço de diretório X.500 de 1993 propõe que as classes de objeto sejam atribuídas a uma das três categorias:

- **Estrutural**
- **Abstrata**
- **Auxiliar**

Importante saber
A uma outra categoria, além das três mencionadas acima, conhecida como **classe 88**, e está também associada a classes de objetos, entretanto essa categoria não faz parte da especificação X.500 de 1993. A categoria de **classe 88** está na especificação que existia antes de 1993 e não deve ser usada para adicionar classes ao *Active Directory*.

2.1.4.1 Classes Estruturais

Elas são as únicas classes que podem ter instâncias no diretório. Ou seja, você pode criar objetos de diretório cuja classe é uma das classes estruturais. Uma classe estrutural:

- Pode ser usado na definição da estrutura do diretório.
- É derivado de uma classe abstrata ou outra classe estrutural.

- Pode incluir qualquer número de classes auxiliares na sua definição.

Esse tipo de classe possui um valor de **1** no atributo ***objectClassCategory***.
As classes de **usuário** e **Grupos** são exemplos de Classes Estruturais.

2.1.4.2 Classes Abstratas

As classes abstratas atuam como modelos das quais derivam novas classes estruturais. As instâncias das classes abstratas não podem ser criadas diretamente como objetos no *Active Directory*. Uma nova classe abstrata pode ser derivada de uma classe abstrata existente.

Esse tipo de classe possui um valor de 2 no atributo ***objectClassCategory***.

2.1.4.3 Classes Auxiliares

As classes auxiliares são como arquivos de inclusão; eles contêm uma lista de atributos. Adicionar uma classe auxiliar à definição de uma classe estrutural ou uma classe abstrata adiciona os atributos das classes auxiliares à definição. É principalmente um mecanismo de agrupamento.

As instâncias das classes abstratas não podem ser criadas diretamente como objetos no *Active Directory*, mas novas classes auxiliares podem ser derivadas das classes auxiliares existentes.

Esse tipo de classe possui um valor de 3 no atributo **objectClassCategory**.

Vejamos o caso da classe auxiliar ***securityPrincipal*** que deriva seus atributos da classe abstrata pai chamada **Top**. Já que não é possível criar um objeto principal de segurança no diretório, visto que as classes auxiliares não podem ter instâncias, podemos criar um objeto da classe estrutural usuário, que possui a classe ***securityPrincipal*** como uma classe auxiliar. Dessa forma os atributos da classe ***securityPrincipal*** ajudam o sistema a reconhecer o objeto do usuário como uma conta de segurança.

A partir do Windows Server 2003, as classes auxiliares podem ser atribuídas dinamicamente a instâncias individuais de classes, em vez de serem aplicadas automaticamente a todas as instâncias, como acontecia anteriormente.

2.1.4.4 Classe 88

Não era preciso a atribuição de classes a categorias na especificação X.500 1988. Ou seja, as classes que foram definidas antes de 1993 não são obrigadas a pertencer a uma das categorias. Diante disso, as classes que foram definidas antes das normas X.500 1993 são atribuídas à classe 88.

Esse tipo de classe possui um valor de 0 no atributo ***objectClassCategory***.

Importante saber
Não utilize ou defina novas classe 88.

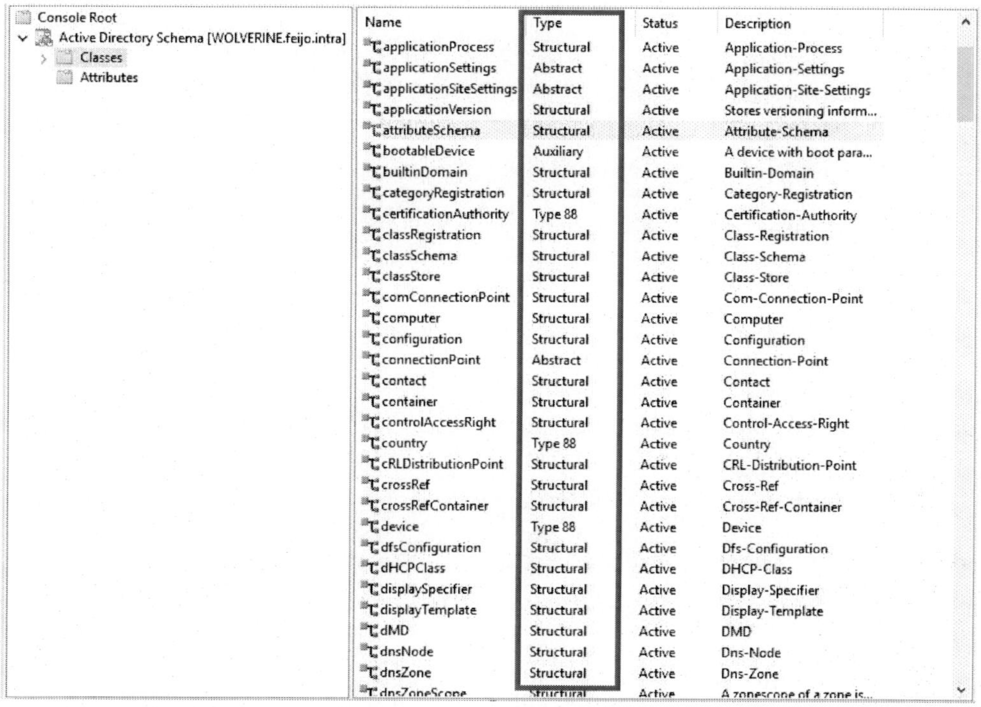

Fig. 3 – Exibição dos tipos de Classes, utilizando a ferramenta Active Directory Schema

2.2 Hierarquia de Classes de Objeto

A herança, que também é referida como derivação, nada mais é do que a capacidade de criar novas classes de objetos a partir de classes de objeto existentes. Um novo objeto é definido como uma subclasse de seu objeto principal. Ou seja, podemos afirmar que uma subclasse herda a estrutura e as regras de conteúdo da classe pai. Desta forma o objeto pai é considerado uma superclasse do novo objeto.

Podemos concluir, no caso das superclasses, que são classes da qual uma ou mais outras classes herdam informações. As informações herdadas incluem atributos obrigatórios e opcionais.

Então, podemos dizer que a hierarquia de classe de objeto é representada pela relação entre as superclasses e suas subclasses, como ilustrada na figura a seguir.

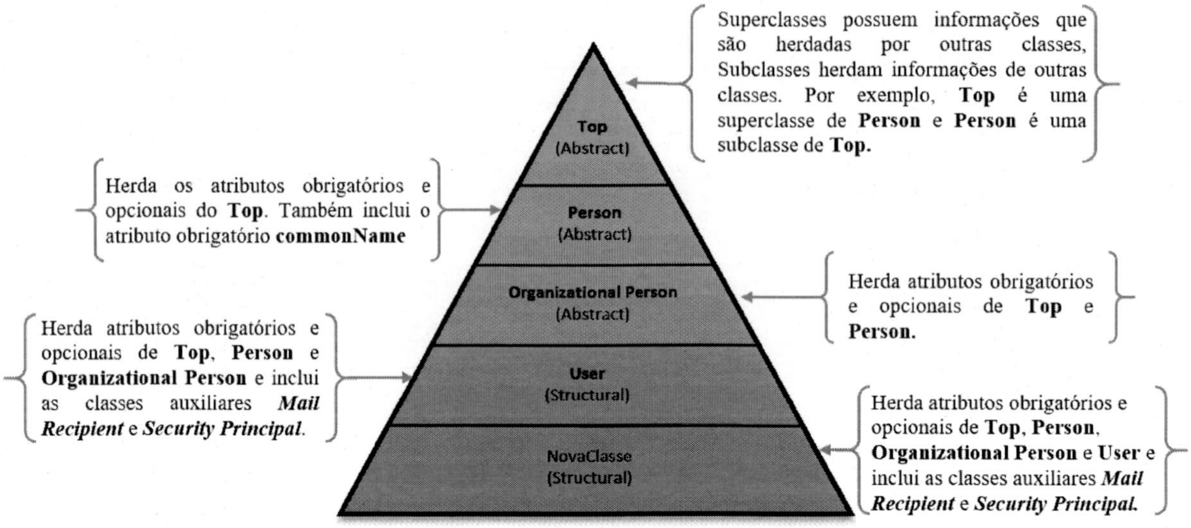

Fig. 4 – Representação da Hierarquia de Classes de Objetos

Observe que todas as classes de objetos estruturais são subclasses, direta ou indiretamente, de uma única classe de objetos abstratos, chamada **Top**.

Todo objeto representado no diretório pertence ao **Top**. No momento em que criamos uma nova classe, devemos especificar a superclasse, caso isso não ocorra, a nova classe é uma subclasse de **Top**.

Podemos também afirmar que as classes abstratas fornecem somente atributos para classes subordinadas, que são chamadas de subclasses. Uma subclasse contém todos os atributos obrigatórios e opcionais da classe a partir da qual é derivada (sua superclasse) além dos atributos específicos da própria classe. Da mesma forma, a subclasse dessa classe contém todos os atributos de ambas as superclasses, e assim por diante.

Se usarmos a ferramenta *Active Directory Schema* e verificarmos as propriedades de herança das classes, na guia ***Relationship***, podemos constatar a relação entre as **classes *top – person – organizationPerson* – user:**

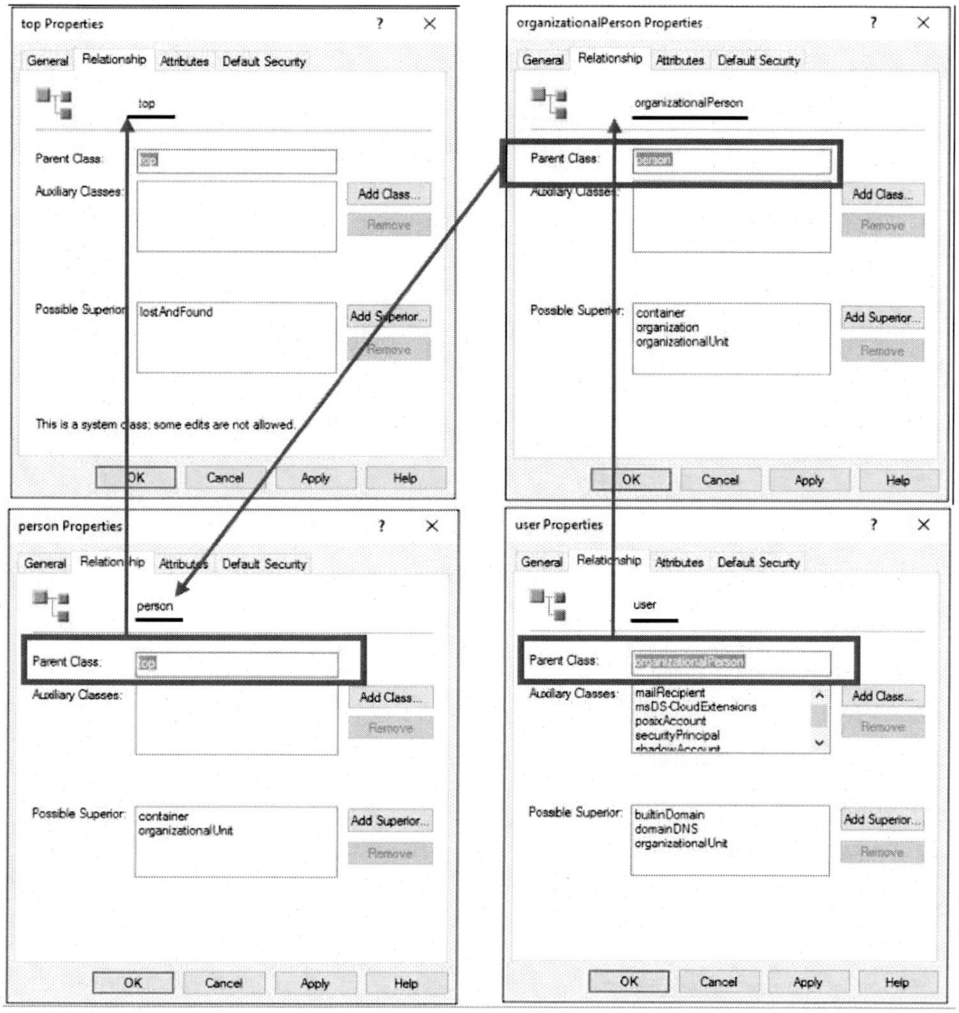

Fig. 5 – Propriedade de Herança das Classes.

Importante saber
As especificações X.500 assinala que, uma classe auxiliar não pode ter herança de uma classe estrutural, já as classes abstratas podem herdar apenas de outra classe abstrata. Caso seja adicionado mais um atributo a uma classe com subclasses ou subclasses auxiliares, o novo atributo é automaticamente adicionado às subclasses após o cache do esquema ter sofrido atualização. Toda classe adicional de uma nova classe, deverá ser especificada pelo atributo ***auxiliarClass.***

Para exemplificarmos o funcionamento do mecanismo de herança nas classes, vamos fazer uma pequena análise das classes de usuários e computadores:

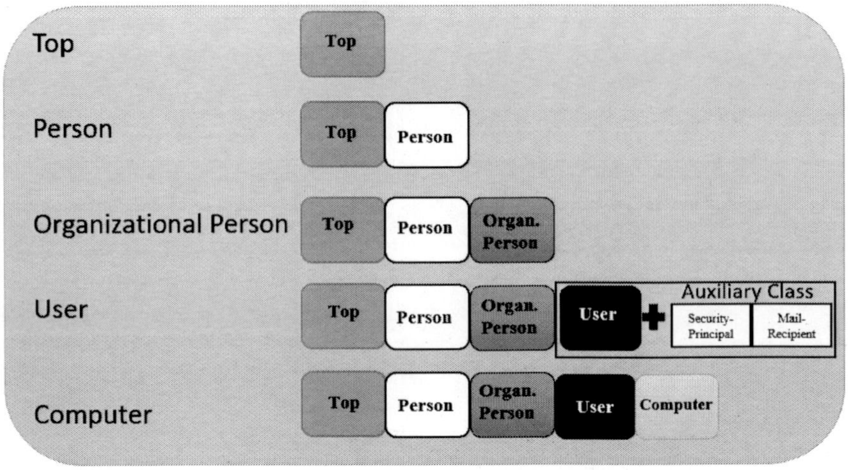

Fig. 6 – Representação da Hierarquia de Classes de Objetos nas Classses User e Computer

As classes de usuários e computadores são usadas para criar contas de usuários e computadores, respectivamente, no *Active Directory.* Tanto a classe de computador como a classe de usuário são estruturais, como vimos no estudo das classes estruturais, podemos instanciar objetos diretamente com eles no *Active Directory.* A classe de computador herda da classe de usuário, podemos dizer, então, que o objeto computador é um tipo específico de usuário. Na sequência, observamos que a classe de usuário herda da classe abstrata ***organizationalPerson.*** Baseado nas características da hierarquia de classes de objetos, que estudamos anteriormente, podemos afirmar que em todos os atributos disponíveis para objetos da classe computador, estão os atributos definidos especificamente no computador e as classes de usuários, além de todos os atributos que são herdados da classe ***organizationalPerson.*** Por sua vez, a classe ***organizationalPerson*** é uma subclasse da classe abstrata *person,* que é uma subclasse da classe **Top** abstrata, que é a classe raiz.

Mas além do que foi explanado acima, em relação ao funcionamento da hierarquia para as classes usuário e computador, será possível também materializar a necessidade de uso das classes auxiliares, já que a Microsoft tinha necessidades, em relação à classe usuários, maiores do que o resultado obtido com o efeito da hierarquia definido no padrão X.500, com relação ao total de atributos disponíveis.

Afinal de contas, a Microsoft utiliza **identificadores de segurança** (SIDs) para identificar usuários, identificadores estes, não existentes nos padrões X.500 originais. Para resolver a questão, a Microsoft adicionou a composição da classe de usuário, classes auxiliares, com o objetivo de aumentar os atributos que compõem um usuário.

As classes auxiliares são:

- mailRecipient

Série de atributos que permitem ao usuário manter informações relacionadas ao endereço de e-mail e à conta de correio associado a esse usuário.

- securityPrincipal

Usado para armazenar o SID e outros atributos de segurança relacionados ao usuário.

2.3 attributeSchema

Da mesma maneira que acontece com as informações da classe que são armazenadas no *Active Directory* como instâncias da classe chamada ***classSchema***, os atributos são representados por instâncias da classe chamada *attributeSchema*.

Os atributos descrevem as classes que são definidas no esquema. Uma única definição de atributo pode ser aplicada em muitas classes, isso é possível graças ao fato de que os atributos são definidos no esquema separadamente das classes.

Todos os atributos da classe ***attributeSchema*** são documentados na Plataforma SDK da Microsoft.

2.3.1 Atributos para um objeto *attributeSchema*

Os atributos para a classe ***attributeSchema*** são descritos na tabela a seguir.

Atributo	Sintaxe	Obrigatório?	Multivalue?
Cn	Unicode	Sim	Não
Descrição: Nome distintivo relativo descritivo para o objeto de esquema			
attributeID	Identificador de objeto	Sim	Não
Descrição: Identificador de objeto que identifica esse atributo de forma exclusiva			
lDAPDisplayName	Unicode	Sim, mas automático	Não

Descrição: Nome pelo qual os clientes LDAP identificam esse atributo			
schemaIDGUID	String (Octeto)	Sim	Não
Descrição: GUID que identifica exclusivamente esse atributo			
mAPIÍDE	Inteiro	Não	Não
Descrição: Inteiro pelo qual os clientes da API de mensagens (MAPI) identificam esse atributo			
attributeSecurityGUID	GUID	Não	Não
Descrição: GUID pelo qual o sistema de segurança identifica o conjunto de propriedades desse atributo			
atributoSyntax	Identificador de objeto	Sim	Não
Descrição: Identificador de objeto de sintaxe desse atributo			
oMSyntax	Inteiro	Sim	Não
Descrição: Sintaxe desse atributo conforme definido pela especificação XAPIA X / Open Object Model (XOM)			
isSingleValue	BOOL	Sim	Não
Descrição: Indica se este atributo é um atributo de valor único ou *multivalue* Observe que os atributos *multivalues* mantêm um conjunto de valores sem ordem particular. Os atributos de valores múltiplos podem não ser devolvidos na ordem em que foram armazenados (ou em qualquer outra ordem).			
extendedCharsAllowed	BOOL	Não	Não
Descrição: Indica se os caracteres estendidos são permitidos no valor desse atributo Aplica-se apenas aos atributos da sintaxe *String* (teletex).			

<table>
<tr><td>rangeLower</td><td>Inteiro</td><td>Não</td><td>Não</td></tr>
<tr><td colspan="4">Descrição:
Menor intervalo de valores permitido para este atributo</td></tr>
<tr><td>rangeUpper</td><td>Inteiro</td><td>Não</td><td>Não</td></tr>
<tr><td colspan="4">Descrição:
Maior gama de valores que são permitidos para este atributo</td></tr>
<tr><td>SystemFlags</td><td>Inteiro</td><td>Não</td><td>Não</td></tr>
<tr><td colspan="4">Descrição:
Bandeiras que determinam operações específicas do sistema
Nota: Este atributo não pode ser configurado ou modificado.
Os seguintes atributos systemFlags são relevantes para os objetos de esquema:
O atributo é necessário para ser um membro do conjunto parcial = 0x00000002
O atributo não é replicado = 0x00000001
O atributo é um atributo construído = 0x00000004</td></tr>
<tr><td>searchFlags</td><td>Inteiro</td><td>Não</td><td>Não</td></tr>
<tr><td colspan="4">Descrição:
A propriedade searchFlags do objeto attributeSchema de cada propriedade define se uma propriedade está indexada e outro comportamento.
Os sete bits atualmente definidos para esse atributo são:
1 = índice sobre o atributo apenas
2 = índice sobre recipiente e atributo
4 = Adicione este atributo ao conjunto de resolução de nomes ambíguos (ANR) (deve ser usado em conjunto com 1)
8 = Preserve este atributo na eliminação lógica (isto é, disponibilize este atributo em lápides)
16 = Incluir este atributo ao copiar um objeto de usuário
32 = Criar um índice Tuple para o atributo para melhorar pesquisas mediais
64 = Reservado para uso futuro; o valor deve ser 0.
128 = Disponível apenas no Windows Server 2003 Service Pack 1 (SP1). Marque o atributo confidencial (CONTROL_ACCESS é necessário para lê-lo).</td></tr>
</table>

<table>
<tr><td>isMemberof PartialAttributeSet</td><td>BOOL</td><td>Não</td><td>Não</td></tr>
<tr><td colspan="4">Descrição:

Um valor booleano que define se o atributo é replicado para o catálogo global

Um valor de TRUE significa que o atributo é replicado para o catálogo global. Em ambientes onde os controladores de domínio estão executando o Windows 2000 Server, alterar esse valor pode causar sincronização completa do conjunto de atributos parciais.</td></tr>
<tr><td>systemOnly</td><td>BOOL</td><td>Não</td><td>Não</td></tr>
<tr><td colspan="4">Descrição:

Atributos nos quais o Windows Server 2003 e Active Directory dependem para operações normais

Se VERDADEIRO, somente o sistema pode modificar esse atributo. Nenhum atributo definido pelo usuário deve ter o sinalizador systemOnly definido.</td></tr>
<tr><td>objectClass</td><td>Identificador de objeto</td><td>Sim</td><td>Sim</td></tr>
<tr><td colspan="4">Descrição:

Classe desse objeto, que é sempre atributoSchema</td></tr>
<tr><td>nTSecurityDescriptor</td><td>NT-Sec-Des</td><td>Sim</td><td>Não</td></tr>
<tr><td colspan="4">Descrição:

Descritor de segurança no objeto attributeSchema propriamente dito</td></tr>
<tr><td>oMObjectClass</td><td>String (Octeto)</td><td>Não</td><td>Não</td></tr>
<tr><td colspan="4">Descrição:

Para os atributos sintadados de objeto (OM-syntax = 127), o identificador de objeto codificado BIR (Basic Encoding Rules) da classe de objeto XOM

Para obter mais informações sobre a codificação BER, consulte Solicitação de comentários (RFC) 2251 no banco de dados IETF RFC.</td></tr>
<tr><td>LinkID</td><td>Inteiro</td><td>Não</td><td>Não</td></tr>
<tr><td colspan="4">Descrição:

Valor que determina se o atributo é um atributo vinculado. Um inteiro indica um link direto.

Um link direto faz referência a um objeto alvo no diretório; um link de volta retorna ao objeto de origem que possui um link direto para ele.</td></tr>
</table>

2.3.2 Sintaxes

Já falamos sobre a sintaxe de um atributo, no **tó**pico atributos para o objeto *classSchema*, onde definimos que a sintaxe define as regras de representação de armazenamento, ordenação de bytes e correlação para comparações de tipos de propriedade. Em outras palavras, a sintaxe define se o valor do atributo deve ser um número, uma string ou uma unidade de tempo. Também destaquei que as sintaxes permitidas no *Active Directory* **são predefinidas, ou seja, não é possível adicionar novas sintaxes.**

Agora quero falar sobre o processo de indicação de qual sintaxe um novo atributo terá e mostra a relação de sintaxes válidas para atributos no esquema do *Active Directory*. Quando definimos um novo atributo, é preciso especificar os números **atributoSyntax e oMSyntax** da sintaxe que desejamos para esse atributo. O **atributo** do **número de sintaxe é um identificador de objeto, e o número de oMSyntax é um número inteiro. oMSyntax é definido pela especificação XOM.**

A tabela a seguir lista as sintaxes válidas para atributos no esquema do *Active Directory*.

Sintaxe	atributoSyntax	oMSyntax	Descrição
Indefinido	2.5.5.0		Não é uma sintaxe legal
Objeto (DN-DN)	2.5.5.1	127	O nome totalmente qualificado de um objeto no diretório
String (Object-Identifier)	2.5.5.2	6	O identificador do objeto
String Sensível a Caso	2.5.5.3	27	Cadeia de caracteres geral – diferencia maiúsculas e minúsculas
CaseIgnoreString (Teletex)	2.5.5.4	20	Teletex – não diferencia maiúsculas e minúsculas
String (Printable), String (IA5)	2.5.5.5	19, 22	Cadeia de caracteres de impressão ou IA5-String Ambos os conjuntos de caracteres distinguem maiúsculas de minúsculas
String (Numérico)	2.5.5.6	18	Uma de dígitos
Objeto (DN-Binário)	2.5.5.7	127	Um nome distinto mais um objeto grande binário
boleano	2.5.5.8	1	Valores VERDADEIROS ou FALSOS

Inteiro, Enumeração	2.5.5.9	2, 10	Um número ou enumeração de 32 bits
String (Octeto)	2.5.5.10	4	Uma série de bytes
String (UTC-Time), String (Tempo generalizado)	2.5.5.11	23, 24	Tempo UTC ou tempo generalizado
String (Unicode)	2.5.5.12	64	Cadeia Unicode
Objeto (Apresentação--Endereço)	2.5.5.13	127	Endereço de apresentação
Objeto (DN-String)	2.5.5.14	127	Um DN-String mais uma de Unicode
String (NT-Sec-Desc)	2.5.5.15	66	Um descritor de segurança do Windows NT
LargeInteger	2.5.5.16	65	Um número de 64 bits
String (Sid)	2.5.5.17	4	Identificador de segurança (SID)

Importante saber!
Todo e qualquer atributo de um objeto dentro do esquema está associado à uma sintaxe. As sintaxes não são representadas como objetos no esquema, mas são programadas para serem entendidas perfeitamente pelo *Active Directory*.

2.3.3 Atributos ligados

Os atributos ligados são pares de atributos nos quais, baseado no atributo de origem, também chamado de **link direto**, o sistema calcula os valores de um outro atributo, denominado **backlinks** (atributo de retorno). Podemos dizer que atributos ligados descrevem relacionamentos entre objetos, observe o caso dos atributos "Gerente" e "Subordinados Diretos" (***Manager* e *directReports***) que são um par de atributos vinculados, em que temos o atributo Manager como sendo o atributo direto, já que é a direção principal que descrevemos o relacionamento e directReports o atributo reverso.

Outra informação importante é que ***DirectReports*** não é um atributo real armazenado no *Active Directory*, mas, sim, um valor calculado, cujo o cálculo baseou-se nos valores do atributo do Manager que continham a referência ao usuário.

Vejamos um exemplo, onde temos dois usuários do departamento financeiro, Claudia Silva é a gerente da usuária Elisangela Souza. Informamos na conta da usuária Elisangela Souza, na guia Organization, no campo

Manager, que sua gerente é a Claudia Silva, no caso, este é o nosso atributo direto. Ao entrarmos na conta da usuária Claudia Silva, podemos verificar também na guia Organization, agora no campo Direct reports, que já aparece a usuária Elisangela Souza, sendo este o nosso atributo reverso, já que este foi calculado a partir do campo Manager da usuária Elisangela.

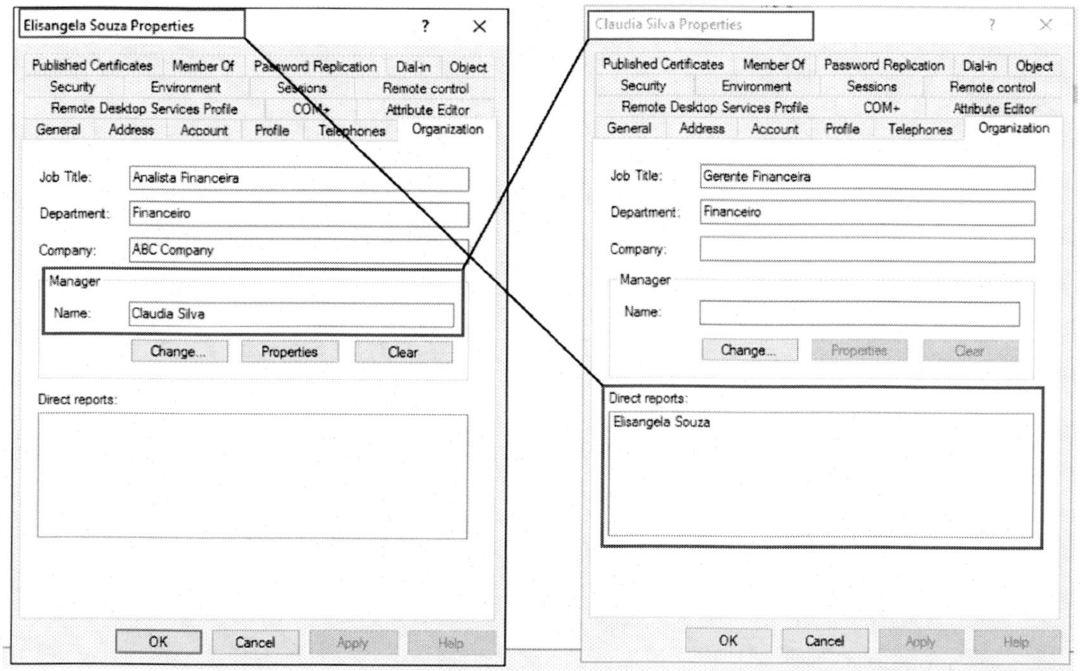

Fig. 7 – Exemplo do uso dos atributos vinculados Manager/DirectReports

Para atributos vinculados, existe um atributo especial no esquema chamado **linkID**. Para links diretos, esse atributo sempre tem um valor par, pois os links reversos sempre são ímpares e sempre o próximo número.

Importante saber!
Como uma opção, um vínculo reverso pode ser definido em um objeto de destino (por exemplo, o atributo **memberOf** no objeto do usuário, no caso do par de atributos vinculados: **member/memberOf**).

Existem vários desses pares de atributos vinculados no esquema do Active Directory, mas alguns dos mais comuns incluem:

- altRecipient/altRecipientBL
- dLMemRejectPerms/dLMemRejectPermsBL
- dLMemSubmitPerms/dLMemSubmitPermsBL
- msExchArchiveDatabaseLink/msExchArchiveDatabaseLinkBL

- msExchDelegateListLink/msExchDelegateListBL
- publicDelegates/publicDelegatesBL
- member/memberOf
- manager/directReports
- owner/ownerBL

Em relação ao armazenamento no *Active Direcotry*, os atributos vinculados possuem um tratamento especial, veja como acontece:

O *Active Directory* é composto por tabelas em seu arquivo de banco de dados, chamado **DIT**, dentre as várias tabelas existentes, uma delas é uma tabela de dados para armazenar todos os valores de atributo enquanto uma outra é uma tabela de links, onde está armazenado o atributo linkID dos atributos vinculados.

Agora vamos considerar um usuário qualquer no domínio, que seja membro de um determinado grupo. A associação de grupo com o atributo "membro" para grupos e o atributo "memberOf" correspondente no lado do usuário é estabelecida com base no **DNT** (Distinguished Name Tag), que é algo como uma linha no banco de dados de todos os controladores de domínio. O DNT é único para cada objeto no banco de dados, parecido com um ID, mas exclusivo para cada Controlador. O DNT não é replicado.

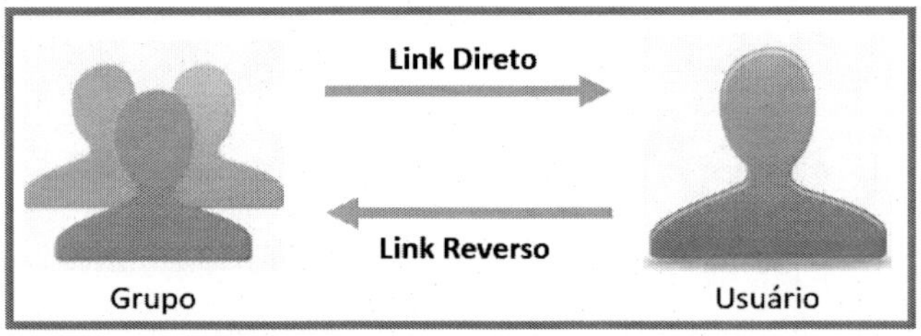

Fig. 8 – Representação link direto e reverso, entre grupos e usuários

Os grupos armazenam seus membros usando seu DNT exclusivo de banco de dados (referenciando a linha, onde o objeto é salvo). Aí está o nosso link direto. Por outro lado, os usuários armazenam suas associações de grupo ao contrário, rastreando todos os DNTs do grupo de que são membros. É o nosso link backlinks (link reverso).

Uma informação importante é que os links diretos são graváveis e os backlinks **são somente leitura e calculados. Além disso**, somente os links diretos são replicados entre os DC, enquanto os backlinks **são mantidos pelos** DCs depois disso.

Como já falamos, o DNT é apenas um número de linha de banco de dados local e esses DNTs **são usados para identificar os membros de um grupo,** então vem uma interessante pergunta: como isso é replicado?

Para replicação, os DNTs **são calculados em um formulário que contém o SID, o GUID e o DN do objeto para que o DC na outra extremidade possa criar** a própria entrada de DNT para armazená-lo localmente.

2.3.4 Atributos indexados

Em geral, um índice de banco de dados é uma estrutura de dados usada para melhorar o tempo de execução das consultas, é, sobretudo, uma forma de organizar dados para recuperar uma resposta rápida. Afinal de contas, sabemos que o *Active Directory* é o núcleo de um ***Extensible Storage Engine database*** (banco de dados do mecanismo de armazenamento extensível).

O *Active Directory* tem alguns índices incorporados por padrão, que envolvem atributos normalmente consultados, com o intuito de acelerar o desempenho ao responder a certas consultas de clientes, consideradas padrões.

Podemos concluir que indexar um atributo ajuda as consultas a encontrar objetos que possuem esse atributo de forma mais rápida e eficiente do que se o atributo não possuísse índice.

Os atributos são indexados quando o atributo **searchFlags**, na definição do esquema do atributo, tem o **bit** menos significativo configurado para **1**. Essa configuração do bit menos significativo da definição do esquema de atributo **searchFlags** para 1 irá criar um índice dinamicamente. O índice será construído automaticamente por um **thread** (segmento) em segundo plano no controlador de domínio. Por outro lado, definir o bit menos significativo da definição do esquema de atributos do **searchFlags** como 0 fará com que o índice do atributo seja removido.

Importante saber!
Os atributos ligados estão implicitamente indexados. Ou seja, qualquer mudança no atributo **searchFlags**, destes atributos especificamente, não terá efeito devido ao comportamento de indexação implícito.

O atributo **searchFlags** é uma máscara de bits de 32 bits que representa uma série de configurações que podem ser aplicadas aos atributos.

Os valores dos atributos indexados são armazenados em uma lista ordenada. Isso torna a pesquisa muito mais eficiente porque o sistema precisa pesquisar somente até localizar a área na lista onde o valor deve estar com base no tipo. Se o valor não estiver lá, o sistema pode assumir que não encontrará o valor em qualquer outro lugar da lista e pode encerrar a pesquisa. Quando os atributos não são indexados, toda a lista deve ser pesquisada para determinar se existe ou não um valor específico.

Uma espécie de efeito colateral, ao armazenamento em lista, é o fato de a indexação requerer mais armazenamento para mantê-las. Portanto, quanto mais atributos indexados mais espaço de armazenamento será necessário. Com isso em mente, apenas os atributos frequentemente referenciados devem ser indexados. É ideal que os atributos indexados fossem atributos de valor único com valores exclusivos que são distribuídos uniformemente no conjunto de instâncias. Isso não quer dizer que os atributos de valores múltiplos não possam ser indexados, mas construir um índice para estes requer mais espaço de armazenamento e atualização.

Para indexar um atributo:

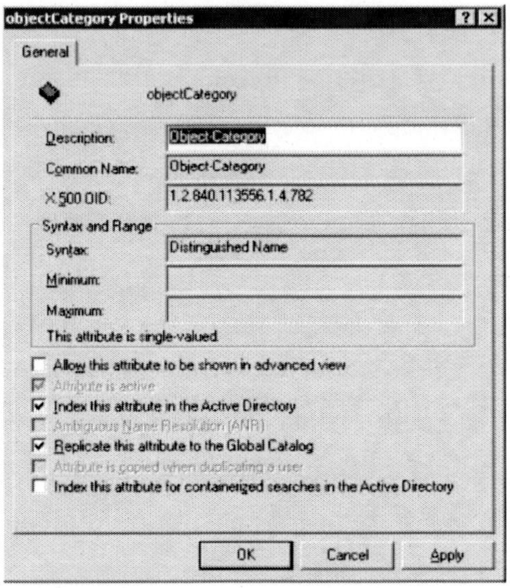

1. Abra o snap-in ***Active Directory Schema***
2. No painel esquerdo, clique em ***Attributes***
3. No painel direito, clique com o botão direito do mouse no atributo que deseja indexar, e então clique em ***Properties***
4. Clique **em *Index this in the Active Directory*** e clique em **OK** para salvar a alteração.
5. Feche o snap-in ***Active Directory Schema***

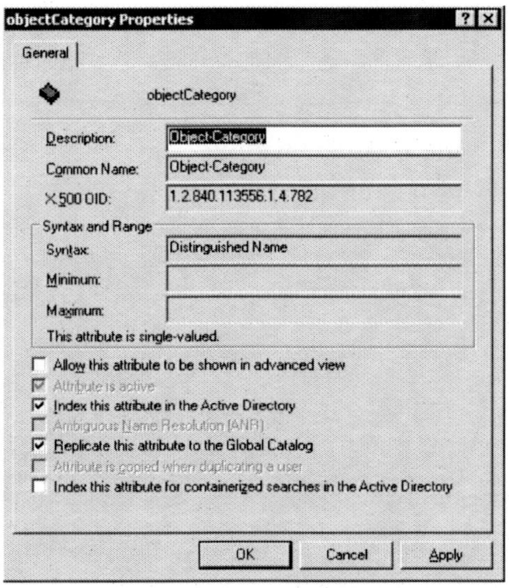

Fig. 8 – Propriedades de *objectCategory*, destacando a indexação

No *Active Diretory* do Windows Server 2008, a Microsoft fez uma importante mudança, indexar por padrão o ***objectClass***, independentemente da configuração do searchFlags. É importante ficar atento ao fato, de que este comportamento padrão é para os controladores de domínio a partir do Windows Server 2008, não sendo verdadeiro nas versões anteriores.

Um outro aspecto interessante associado especificamente à criação dos índices é que ela tem impacto sobre o desempenho do controlador de domínio. Isso porque cada controlador de domínio tem que construir o seu, já que os índices não são replicados. A rapidez com que a nova cópia de um determinado índice é criada dependente fundamentalmente do hardware no qual o controlador de domínio está sendo executado e do volume de dados que deve ser indexado.

Agora que você já sabe que cada controlador de domínio do ambiente cria sua própria cópia do índice automaticamente, a partir da informação que em um determinado atributo foi ativado o ***searchFlags***, vamos fazer o seguinte exercício de imaginação: em um determinado ambiente existem 10 controladores de domínio e todos eles terão que criar quase simultaneamente um novo índice que tem um volume de dados considerável e na sua maioria estão sendo executados em hardwares básicos, qual seria o efeito na disponibilidade de controladores de domínio para atender clientes e replicar as mudanças? Em algums ambientes, com características parecidas, a criação de índice pode quase resultar em uma Negação de Serviço (DoS) do *Active Directory*, quando todos os controladores de domínio estão quase que ao mesmo tempo ocupados criando índices.

Tudo bem, já que o processo de criação dos índices pelos controladores de domínio pode ter impacto na operação do ambiente, precisamos ficar atentos aos cenários em que os controladores de domínios inciaram este processo:

- Quando um controlador de domínio é desligado de forma inadequada;
- Quando um controlador de domínio é restaurado a partir de um backup inadequado;
- Quando um controlador de domínio foi convertido em uma máquina virtual;
- Quando um administrador do *Active Directory* faz uma alteração no esquema para tornar um atributo indexável;
- Quando um administrador do *Active Directory* executa uma atualização de esquema, para adicionar no ambiente controladores de domínio, executando versões mais recentes do Windows Server, por exemplo.

Com relação aos últimos dois cenários, a Microsoft trouxe uma solução no Windows Server 2012 implementando a possibilidade de adiar a criação do índice para um momento em que é mais conveniente. O recurso é chamado de Criação de **Índice Diferido**. Ao ser habilitado, o controlador de domínio não criará o índice até que:

- Ele recebe um pedido **LDAP UpdateSchemaNow** (desencadeia a reconstrução do cache do esquema);
- É reiniciado (o que exige que o cache do esquema seja reconstruído e, por sua vez, os índices diferidos).

A forma como o time do *Active Directory* construiu isso no Windows Server 2012 foi usando o atributo **dsHeuristic** no objeto Serviços de Diretório.

Portanto, configurar o 18º bit para valor 1 no **dsHeuristics** da floresta, ativa a criação de **Índice Diferido** em qualquer controlador de domínio Windows Server 2012.

Importante saber!
Controladores de domínio que executam sistemas operacionais anteriores irão ignorar a configuração.

Habilitando a criação do Índice Diferido

Iremos ativar a criação de índice diferido usando ldp.exe, Veja como:

1. Execute **ldp.exe**.
2. Clique no menu **Connection** e clique em **Connect**. Utilize a porta padrão 389. Quando conectar, volte ao menu **Connection** e clique em **Bind...** (é necessário ser enterprise administrator).
3. Clique no menu **View** e clique em **Tree**, então para a opção **Base DN** selecione *domain naming* na lista. Clique em **OK**.
4. No painel de navegação, entre no container **CN=Configuration**, e então **CN=Services**, **CN=Windows NT** e então clique no objeto **CN=Directory Services**.
5. Dê um duplo clique no objeto **CN=Directory Services**.
6. Verifique a listagem de atributos do objeto no lado direito para determinar se o atributo **dsHeuristics** já está definido. Se estiver configurado, copie o valor existente para a área de transferência.

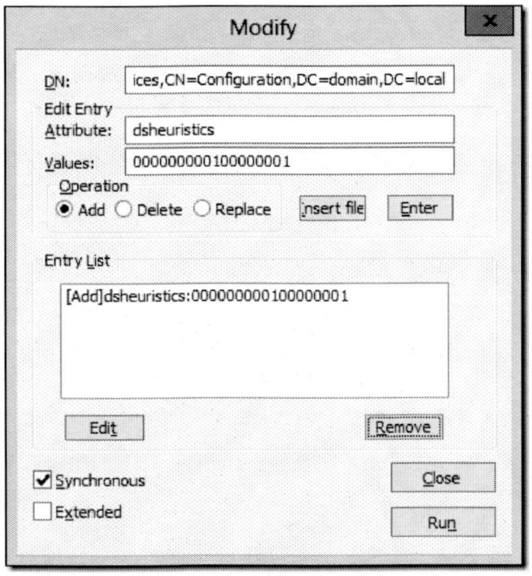

7. Clique com o botão direito do mouse nos objetos do **Directory Service** no lado esquerdo e, em seguida, clique em **Modify.**
8. Como nome do atributo, coloque **dsHeuristics**.
9. Como valor, coloque 00000000010000000**1**. Substitua os zeros na primeira parte do valor com o que você já pode ter em **dsHeuristics**. Certifique-se de que você tenha a contagem correta de dígitos até "**1**"; para habilitar a criação de índice diferido, o bit 18 deve ser configurado.
10. Se o atributo já existia, clique em **Replace** no box **Operation**. Se não, clique em **Add**.
11. Por fim, clique em **Run** para aplicar a alteração neste objeto.
12. Precione ENTER, à direita, para adicionar o Grupo de Operação para a transação LDAP.

Quando a operação for concluída com sucesso, o resultado será:

```
      ***Call Modify...
ldap_modify_s(ld, 'CN=Directory Service,CN=Windows NT,CN=Services,
CN=Configuration,DC=domain,DC=local',[1] attrs);
Modified "CN=Directory Service,CN=Windows NT,CN=Services,
CN=Configuration,DC=domain,DC=local".
```

Depois que esta alteração é replicada para todos os Controladores de Domínio, eles vão adiar a Criação de Índice por padrão.

Importante saber!
Qualquer atributo que esteja em um estado de índice diferido será registrado no Log de eventos a cada 24 horas em cada um dos controladores de domínio com Criação de Índice Diferido habilitado. Os seguintes Ids de eventos são usados: **2944**: Índice diferido – registrado uma vez **2945**: Índice ainda pendente – registado a cada 24 horas

2.3.5 Atributos confidenciais

A partir dos controladores de domínio que executam o Windows Server 2003 com o SP1, os atributos cujos objetos attributeSchema são marcados com um sinalizador de pesquisa específico, são interpretados como confidenciais. Quando isso ocorre, os atributos marcados, podem ser lidos apenas pelos usuários que possuem os seguintes acessos:

- READ_PROPERTY
- CONTROL_ACCESS

A capacidade de marcar atributos como confidenciais permite que os administradores protejam atributos do acesso de leitura concedido por padrão à maioria dos usuários. Em vez de alterar os padrões que são esperados por aplicativos existentes, os administradores podem criar novos atributos que podem ser lidos somente por administradores ou aqueles a quem o acesso é concedido especificamente.

Por padrão, o Active Directory executa uma verificação de acesso de leitura em um objeto nos seguintes casos:

- Ao avaliar se o objeto corresponde ao filtro de pesquisa
- Ao retornar atributos de um objeto que corresponde ao filtro de pesquisa

A implementação de dar a um determinado atributo a característica de confiabilidade, foi realizada no Windows Server 2003 SP1, ao definir um valor **searchFlags no objeto attributeSchema** no esquema. O sinalizador de pesquisa contém vários bits que representam várias propriedades de um atributo, como vimos no tópico anterior, que um valor de 1 no bit menos significativo significa que o atributo está indexado. Já no caso da confiabilidade, um valor no bit 128 (10000000) designa o atributo como confidencial. Portanto, você pode designar um atributo como confidencial ao definir o bit 128 no atributo **searchFlags do respectivo objeto attributeSchema**.

Quando um atributo é designado, além da permissão **READ_PROPERTY**, para esse atributo ou todos os atributos desse objeto, a permissão **CONTROL_ACCESS**, para esse atributo ou um conjunto de propriedades que contém esse atributo, é necessária para ler o atributo.

Por padrão, somente membros do grupo **Administradores** recebem **CONTROL_ACCESS** para todos os objetos. Portanto, somente os administradores podem ler atributos confidenciais. Você pode delegar o direito **CONTROL_ACCESS** para qualquer grupo específico.

A possibilidade de tornarmos um atributo confidencial é incrível, é um grande salto de segurança, em relação as versões anteriores ao Windows 2003 SP1, mas antes que você fique tão eufórico quanto eu fiquei na época que descobri este recurso, vou aqui citar um famoso ditado popular brasileiro: "***Quando a esmola é demais o santo desconfia***", e nesse caso o santo somos nós, os administradores do Active Directory e como você já deve desconfiar a "esmola" foi dada pela Microsoft. O grande detalhe do recurso é o escopo, ou seja, não é possível definir os atributos da categoria 1 como confidenciais. A categoria 1 é compreendida por muitos dos atributos definidos no esquema padrão do Active Directory, tais como: endereço, telefone, Ids de funcionários, entre outros. O foco do recurso de Confidencialidade fica basicamente direcionado para os atributos personalizados.

Com relação à ferramenta que pode ser utilizada para gerenciar o acesso a atributos confidênciais, a versão do **LDP** que vem a partir do Windows Server 2008, se destaca, já que nela é possível modificar as ACLs de forma correta.

2.4 Identificadores de objetos (OID)

Além dos atributos que asseguram a individualidade de um objeto específico, era necessário garantir que objetos da mesma classe fossem todos do mesmo objeto esquema. E no *Active Directory* isso foi feito atribuindo um identificador de objeto exclusivo, denominado identificador de objeto (OID) a cada objeto no contexto de nomeação do Esquema.

Os identificadores de objetos são valores numéricos exclusivos que são concedidos por várias autoridades emissoras para identificar elementos de dados, sintaxes e outras partes de aplicativos distribuídos. Como eles são globalmente exclusivos, os identificadores de objetos garantem que os objetos que são definidos por essas autoridades emissoras não conflitam entre si quando diferentes diretórios são usados simultaneamente dentro de um namespace de diretório global.

Os identificadores de objetos são encontrados em aplicativos OSI (Open Systems Interconnection), diretórios X.500, aplicativos que usam o protocolo de gerenciamento de rede simples (SNMP) e outros aplicativos em que a singularidade é importante.

O padrão X.500 definiu um identificador de objeto (OID) para identificar de forma exclusiva todo objeto do esquema. O OID é composto por duas partes:

- A primeira parte indica o caminho exclusivo para o ramo do objeto na árvore da estrutura X.500
- A segunda parte indica de forma exclusiva o objeto nesse ramo

O LDAP requer um serviço de diretório, como o *Active Directory*, para identificar classes de objetos e atributos com uma sintaxe de identificador de objeto. O identificador do objeto é o valor para o atributo governsID **em um objeto classSchema** e para o atributo **attributeID** em um objeto **attributeSchema**. Estes são os atributos necessários, portanto, os identificadores de objetos são necessários quando você cria novas classes ou atributos.

Os identificadores de objetos no esquema base do *Active Directory* incluem alguns identificadores de objeto que são emitidos pela Organização Internacional de Padronização (NA) para classes e atributos X.500 e alguns identificadores de objetos que são emitidos pela Microsoft.

A notação de identificador de objeto é uma série pontilhada de números não negativos, por exemplo, **1.2.840.113556.1.5.4**. Os componentes deste identificador de objeto são mostrados na tabela a seguir.

Componentes do OID (1.2.840.113556.1.5.4)

Identificador de objeto	O que significa os valores numéricos
1	**NA** (Autoridade raiz) Emitiu 1.2 para a ANSI
2	**ANSI** Emitiu a 1.2.840 para USA
840	**USA** Emitiu 1.2.840.113556 para a Microsoft
113556	**Microsoft** A Microsoft gerencia internamente vários ramos de identificadores de objeto em 1.2.840.113556 que incluem os três identificadores a seguir.
1	***Active Directory*** Um ramo chamado *Active Directory* que inclui os dois identificadores a seguir.
5	**Classes** Um ramo chamado Classes que inclui o seguinte identificador
4	**Builtin-Domain** Uma classe chamada Builtin-Domain.

Os identificadores de objetos garantem que todos os objetos são interpretados adequadamente, por exemplo, que um número de telefone não é confundido com um número de funcionário. Uma série de objetos e atributos amplamente utilizados é padronizada para uso em identificadores de objetos.

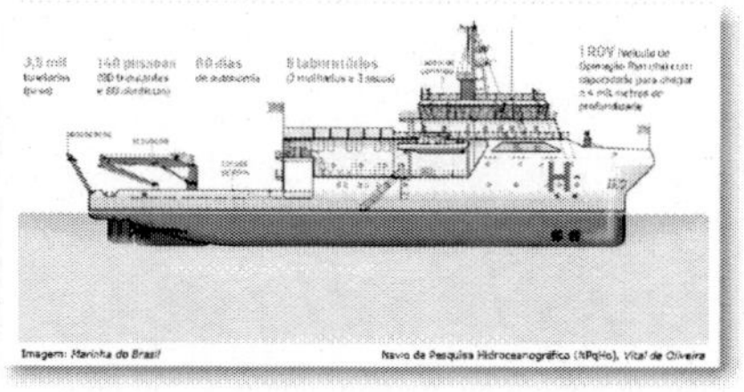

Capítulo 3

Componentes Estruturais do *Active Directory*

Em função da sua importância estratégica na construção de cenários diversos de implementação dos Controladores de domínio, vamos detalhar ainda mais os Controladores de domínio somente leitura.

3.1 RODC – Controladores de Domínio Somente Leitura

Os RODCs foram projetados principalmente para serem implementados em ambientes remotos ou de filiais, que normalmente têm poucos usuários, pouca segurança física, largura de banda de rede relativamente baixa e pessoal com conhecimento limitado de tecnologia da informação (TI).

Os RODCs levam vantagens nestes tipos de cenários, pois possuem mecanismos que possibilitam, para o caso em que estes sejam comprometidos (roubado por exemplo), que as credenciais dos usuários não sejam capturadas, já que não foram armazenadas localmente neste servidor, garantindo um nível extra de segurança de dados/credenciais.

Por padrão, nenhuma senha de conta do *Active Directory* é armazenada em cache em um RODC (*com exceção da conta do próprio computador RODC e da conta de ticket do serviço Kerberos (krbtgt), específica do RODC*) e nenhuma alteração pode ser realizada no banco de dados ou DNS do RODC.

RODC Filtered Attribute Set (RODC – Conjunto de Atributos Filtrados)

Os RODCs contêm uma cópia completa do banco de dados do *Active Directory*, mas o acesso a esta **cópia é de somente leitura de todas as partições mantidas por um controlador de domínio gravável equivalente.**

O RODC filtered Attribute set – Conjunto de Atributos Filtrados é um conjunto dinâmico de atributos que não é replicado para nenhum RODC na floresta.

Portanto, há um conjunto de atributos que, por padrão, não são replicados para um RODC, são eles:

- Atributos que pertencem ao RODC filtered Attribute set
- Credenciais, com exceção das credenciais da **conta do próprio computador do RODC** e uma *conta krbtgt especial para o RODC*

O RODC filtered Attribute set padrão contém a seguinte lista de atributos:

- ms-PKI-DPAPIMasterKeys
- ms-PKI-AccountCredentials
- ms-PKI-RoamingTimeStamp
- ms-FVE-KeyPackage
- ms-FVE-RecoveryPassword
- ms-TPM-OwnerInformation

Estes são atributos sensíveis do *Active Directory*, que incluem atributos confidenciais, como atributos que armazenam chaves do **Bitlocker** e senhas do **Local Administrator Password Solution – LAPS.** Isso nos dá a garantia que esses atributos nunca serão replicados para os RODCs. Mas é possível configurar um subconjunto de contas de usuário e de computador de domínio que possam ter suas senhas armazenadas em cache no RODC.

Para realizar esta configuração, podemos criar um grupo, adicionar as contas para quais queremos ativar o cache de senhas e definir a **Password Replication Policy** (Política de Replicação de Senha) no RODC.

O fato é que para que um usuário se autentique a partir de um computador que esteja em um site com um RODC, sem um Controlador de domínio gravável envolvido, as **senhas do usuário e do computador** precisam ser armazenadas em cache no RODC desse site.

Como podemos ver são muitos os detalhes que envolvem os RODCs, mas é fundamental que conheçamos todos eles para podermos realizar uma implementação correta e segura no ambiente. Então, vamos relacionar as características, algumas já mencionadas no volume 1, é bem verdade, mas como a ideia é fixar, é importante revê-las novamente:

- **Banco de dados do *Active Directory* somente leitura**
  A cópia somente leitura do *Active Directory* oferece uma opção mais segura para locais distantes, como uma filial.

- **Servidor DNS somente leitura**

Podemos instalar o serviço de Servidor DNS em um RODC. O DNS no RODC pode ser configurado como um DNS secundário de uma zona DNS integrada do *Active Directory* ou de uma zona DNS padrão principal. Um RODC pode replicar todas as partições de diretório de aplicação que o Servidor DNS utiliza, inclusive **ForestDNSZones** e **DomainDNSZones.** Os clientes podem realizar pesquisas de resolução de nomes ao RODC normalmente, como fariam em qualquer outro servidor DNS. Entretanto, o servidor DNS em um RODC é de leitura apenas e não suporta atualizações dos clientes diretamente.

- **Cache de Credenciais**

  Por padrão, nenhuma senha de conta do *Active Directory* é armazenada em cache em um RODC (com exceção da conta do próprio computador RODC e conta de ticket do serviço Kerberos (krbtgt), específica do RODC), embora grupos específicos possam ser configurados para o cache de senhas, através da **Password Replication Policy – PRP** (Política de Replicação de Senha) no RODC.

- **Separação de Funções de Administrador**

  Uma ótima funcionalidade dos RODC é a possibilidade de delegar permissões administrativas locais para qualquer usuário do domínio sem conceder a esse usuário, nenhum direito administrativo para o domínio ou em outros controladores do domínio.

  Isto permite um usuário local da filial entrar em um RODC e executar trabalhos de manutenção no servidor, como por exemplo, a atualização de um driver. Entretanto, este usuário não pode entrar em nenhum outro controlador do domínio ou executar nenhuma outra tarefa administrativa no domínio. Desta maneira, o referente usuário terá a habilidade de controlar o RODC na filial sem comprometer a segurança do resto do domínio.

- **Exposição reduzida**

  Certos atributos sensíveis do *Active Direc*tory estão incluídos no Conjunto de Atributos Filtrados do RODC, que incluem atributos confidenciais, como atributos que armazenam chaves do **Bitlocker** e senhas do **Local Administrator Password Solution – LAPS**.

- **Replicação Unidirecional**

  A única replicação que ocorre em um RODC é a replicação de entrada a partir de um Controlador de domínio gravável. Como nenhuma mudança é escrita diretamente no RODC, os controladores de domínios completos, que são parceiros de replicação, não têm que trazer mudanças do RODC. Com isso nenhuma mudança ou corrupção que um usuário mal-intencionado possa fazer em uma filial, em que esteja o RODC, será replicada para o resto da floresta.

  Isso reduz a quantidade de tráfego de replicação que ocorre no ambiente, bem como o número de conexões e objetos de conexão no site primário. Isso também protege o restante do diretório da corrupção de memória do banco de dados devido à falha de hardware ou desligamento incorreto.

- **Isolamento de Modificação SYSVOL**
  Se o SYSVOL for modificado em um RODC, a alteração permanecerá no RODC e não será replicada. Isso inclui arquivos SYSVOL adicionados, excluídos e modificados.

3.1.1 Password Replication Policies – PRP (Política de Replicação de Senhas – PRP)

Como foi exposto nas afirmações acima, um RODC é um controlador de domínio que mantém uma cópia de todos os objetos e atributos no domínio, exceto para informações seguras, como as propriedades relacionadas à senha. Se o armazenamento em cache não for configurado, o RODC receberá solicitações de entrada de usuários de filiais e as encaminhará a um controlador de domínio completo para autenticação.

Neste ponto que entra este importante recurso do RODC, a **Password Replication Policies** (política de replicação de senha), que quando devidamente configurada, pode especificar as contas de usuário e computador para quais senhas podem ser armazenadas em cache no RODC. Se qualquer usuário fizer login usando um RODC, o RODC solicitará as credenciais desse usuário para um controlador de domínio completo. Quando o usuário é membro da política de replicação de senha que se aplica a um RODC, o RODC pode recuperar a senha e o controlador de domínio completo permite a sua replicação.

Lembre-se que por padrão, nenhuma senha de conta do *Active Directory* é armazenada em cache em um RODC, a exceção a esta regra são as senhas das contas do próprio computador RODC e da conta Kerberos (**krbtgt**) do RODC.

Quando a política de replicação de senha está ativada, liberando o armazenamento de senhas de contas de usuários e computadores no RODC, as contas **KRBTGT são usadas para assinar e criptografar tickets do Kerberos. As contas RODC KRBTGT** apenas assinam e criptografam tíquetes Kerberos para contas que o RODC tem senhas armazenadas em cache e armazenadas nele.

Observe que uma senha de conta "armazenada em cache" em um RODC é armazenada no banco de dados local do *Active Directory* do RODC (ntds.dit), da mesma forma que um DC completo armazena senhas de contas. A diferença é que essas informações nunca são replicadas de um RODC.

A política de replicação de senha é definida por meio de uma série de quatro atributos de múltiplos valores vinculados na conta de computador do RODC no *Active Directory*. São eles:

- **msDS-RevealOnDemandGroup**

O atributo **msDS-RevealOnDemandGroup** especifica quais entidades de segurança podem ter senhas armazenadas em cache em um RODC. Por padrão, esse atributo tem um valor, que é o Grupo **Allowed RODC Password Replication** (Replicação de Senha RODC Permitido). Como esse grupo local de domínio não tem membros por padrão, nenhuma senha de conta pode ser armazenada em cache, em qualquer RODC por padrão.

- **msDS-NeverRevealGroup**
  Conhecida como lista negada. Esta é a lista de entidades para as quais o RODC nunca pode armazenar em cache senha.

- **msDS-RevealedList**
  Já este atributo é conhecido como lista revelada, pois lista entidades cujas senhas estão atualmente em cache no RODC.

- **msDS-AuthenticatedAtDC**
  Esta é uma lista de entidades autenticadas no RODC. O **msDS-AuthenticatedToAccountList** em um RODC é o **backlink** do atributo **msDS-AuthenticatedAtDC.** Essa lista inclui contas cujas senhas não foram armazenadas em cache pelo RODC e todas as contas cujas senhas foram armazenadas em cache. Esta lista fornece aos administradores informações sobre quais contas estão usando um RODC para solicitações de autenticação e, portanto, podem ser boas candidatas a serem adicionadas ao atributo **msDS-RevealOnDemandGroup** (a Lista Permitida).

Importante destacar que o atributo **msDS-NeverRevealGroup** tem precedência sobre o atributo **msDS-RevealOnDemandGroup**. Portanto, se uma conta for incluída direta ou indiretamente na Lista Permitida e na Lista Negada, a senha da conta não poderá ser armazenada em cache no RODC.

Além dos quatro atributos listados acima, há também dois novos grupos internos que são adicionados ao *Active Directory* no momento que é criado o primeiro RODC no domínio, que ficam localizados no contêiner **Users** (Usuários). São eles:

- **Allowed RODC Password Replication** (Grupo de replicação de senha do RODC permitido)

  O grupo permitido é adicionado ao atributo **msDS-RevealOnDemandGroup**. Por padrão, o grupo não possui membros. Portanto, por padrão, um novo RODC não armazena em cache as credenciais de qualquer usuário.

- **Denied RODC Password Replication Group** (Grupo de replicação de senha do RODC negado)

Já o grupo negado é adicionado ao atributo **msDS-NeverRevealGroup**.

Por padrão, esse grupo contém diversas contas sensíveis à segurança:

- O grupo Enterprise Domain Controllers.
- O grupo Enterprise Read-Only Domain Controllers.
- O grupo Enterprise Admins.
- O grupo Domain Admins.
- O grupo Schema Admins.
- O grupo Group Policy Creator Owners.
- O grupo Cert Publishers.
- A conta de todo o domínio krbtgt

Ao olharmos a relação de contas que são, por padrão, membros do grupo **Denied RODC Password Replication Group**, fica claro o motivo delas não poderem ter suas senhas armazenadas no RODC, já que se tratam de contas de usuário altamente confiáveis, que vem sendo comprometidas, colocariam em risco todo o ambiente.

3.1.2 Configurando a Password Replication Policies – PRP

3.1.2.1 Via Ambiente Gráfico

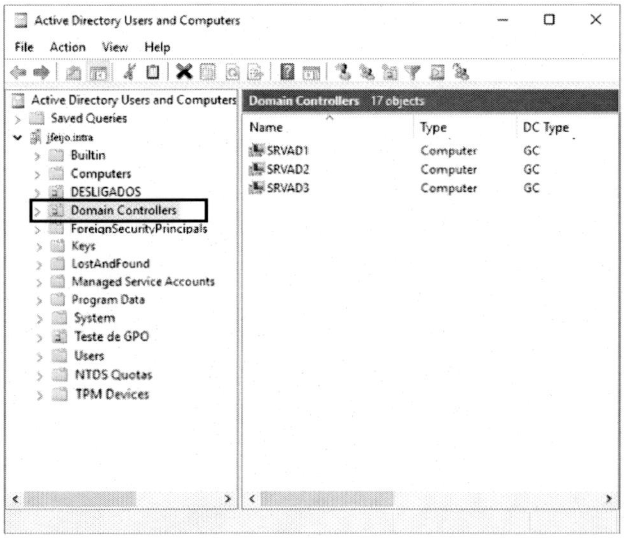

1. Faça o login em um Controlador de domínio completo, com uma conta de administrador e acesse a Unidade Organizacional Controladores de Domínio, através da ferramenta Usuários e Computadores do *Active Directory*:

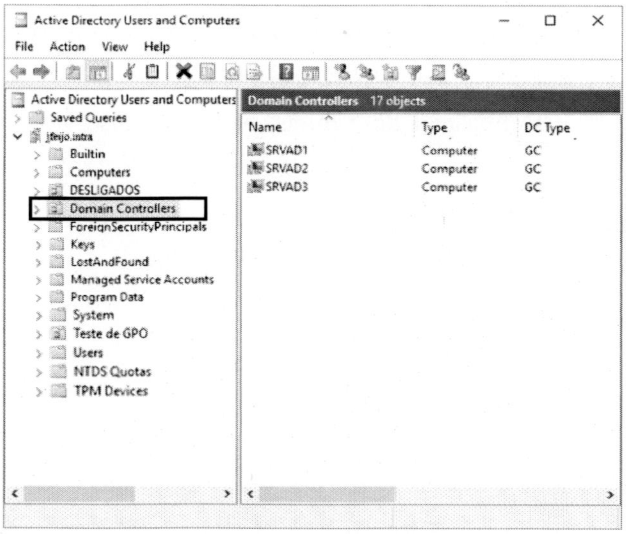

2. Na relação de Controladores de domínios apresentada, clique com o botão direito no RODC, em que iremos configurar a PRP e clique na opção Propriedades.

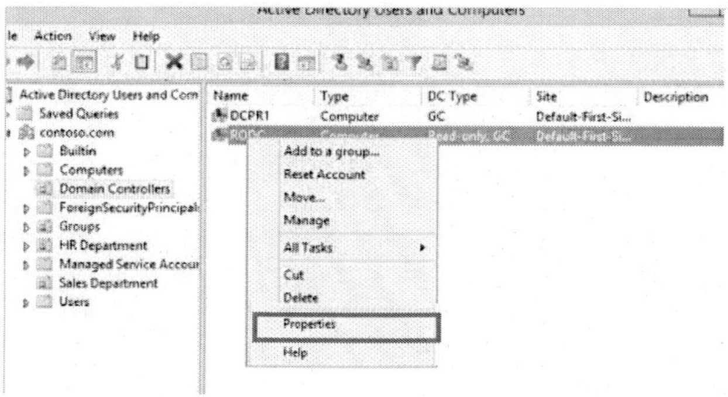

3. Já na janela de Propriedades do RODC, clique na guia "**Password Replication Policy**"

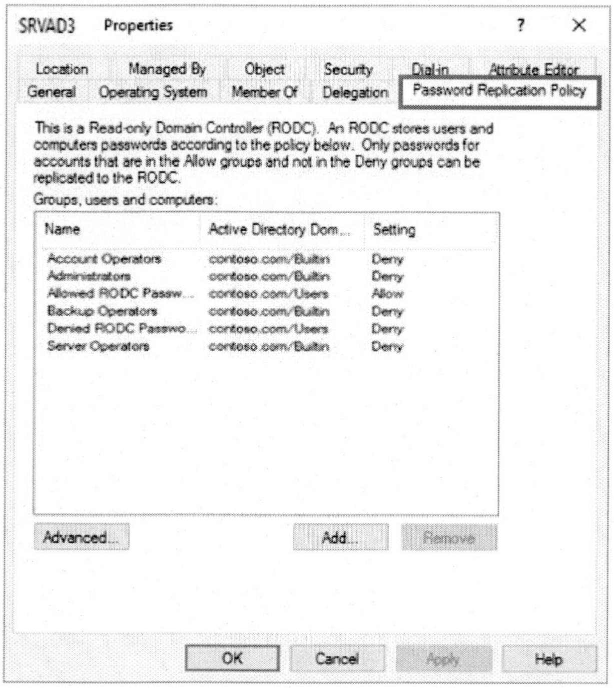

4. Na relação de Grupos, usuários e computadores, presentes na Política de Replicação de Senhas, podemos clicar no botão **Add** para adicionar usuários, grupos e computadores à lista. Quando executarmos esta ação, uma janela será mostrada, para que possamos informar se iremos permitir ou negar a replicação para a conta selecionada.

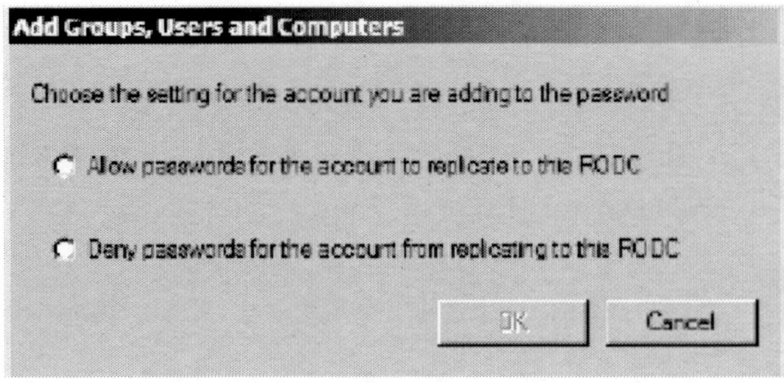

5. Ainda com relação à lista apresentada de Grupos, usuários e computadores, presentes na Política de Replicação de Senhas, podemos observar os dois grupos criados no momento da criação do RODC: **Allowed RODC Password Replication** e **Denied RODC Password Replication.**

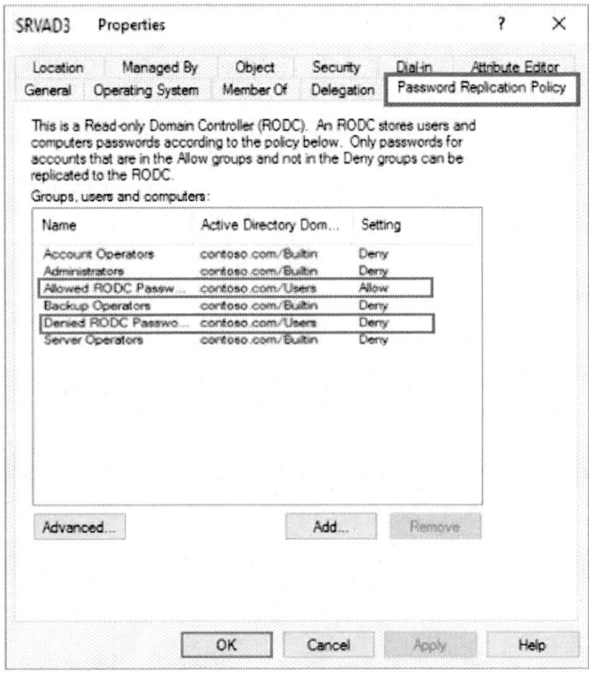

6. Podemos adicionar usuários a esses grupos, a partir desta janela. Para adicionar usuários / computadores basta clicar duas vezes no grupo, vamos acessar o **"Allowed RODC Password Replication Group"**

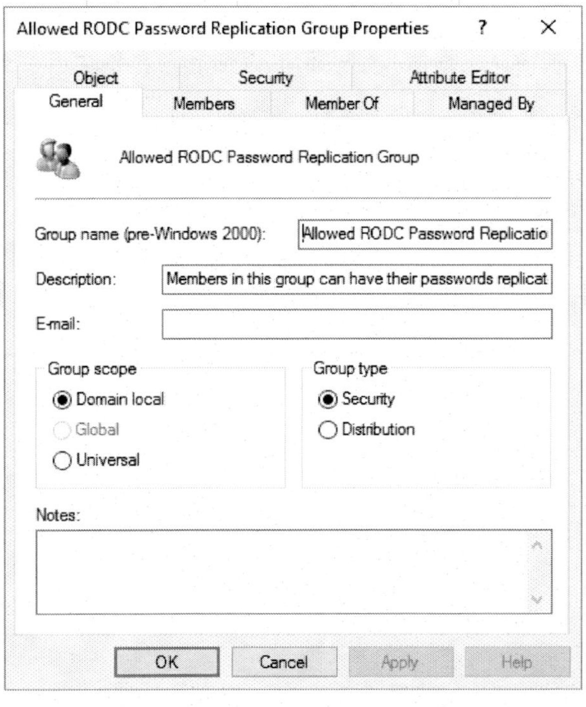

3.1.2.2 Via repadmin

Além do ambiente gráfico, via ferramenta Usuários e computadores do *Active Directory,* também a ferramenta **repadmin** dispõe de alguns *switches,* que permite o gerenciamento do cache de senhas de um RODC. Vejamos:

7. **repadmin /prp add|delete**
Podemos utilizá-lo para adicionar ou excluir conta de usuário ou computador da lista de permitidos

Sintaxe:
repadmin /prp add|delete <hostname> allow <AccountLdapPath>

Exemplos:
Para adicionar o usuário Aderbal, cuja conta se encontra na OU Financeiro, da OU filial sp, da OU corporativo do domínio feijo.intra, na lista de permitido em ter suas credenciais no cache do RODC, rodc-1:

"repadmin /prp add rodc-1.feijo.intra allow "cn=aderbal.silva,ou=financeiro,ou=filial sp,ou=corporativo,dc=feijo,dc=intra"

Para remover o usuário Aderbal, cuja conta se encontra na OU Financeiro, da OU filial sp, da OU corporativo do domínio feijo.intra, da lista de permitido em ter suas credenciais no cache do RODC, rodc-1:

"repadmin /prp delete rodc-1.feijo.intra allow "cn=aderbal.silva,ou=financeiro,ou=filial sp,ou=corporativo,dc=feijo,dc=intra"

Não podemos utilizar os comandos ***repadmin /prp*** para adicionar ou remover uma conta da lista de negação.

8. **repadmin /rodcpwdrepl**
Podemos utilizar para especificar um ou mais usuários ou computadores para os quais o RODC deve solicitar imediatamente a replicação da senha.

Sintaxe:
repadmin / rodcpwdrepl <RODC> <DC Full> <user /computer distinguished name>

Exemplos:
Para replicar a senha do usuário Aderbal, cuja conta se encontra na OU Financeiro, da OU filial sp, da OU corporativo do domínio feijo.intra, para o RODC, chamado de rodc-1, do controlador de domínio completo, chamado dcfull-1:

"repadmin /rodcpwdrepl rodc-1 dcfull-1 "cn=aderbal.silva,ou=financeiro,ou=filial sp,ou=corporativo,dc=feijo,dc=intra"

3.1.2.3 Como o processo de autenticação funciona em um RODC

É fundamental que seja entendido, como funciona o processo de autenticação envolvendo um RODC, já que há diferenças em relação à forma como os controladores de domínios completos fazem. A forma como está configurada a **Password Replication Policy** (Política de Replicação de Senha), terá influência direta de como um RODC autentica um usuário.

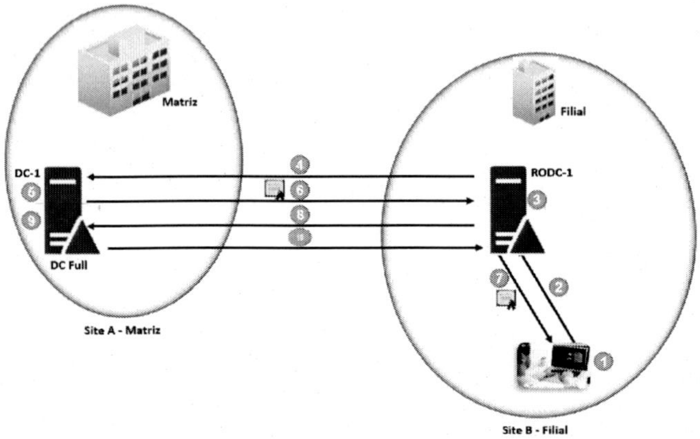

Fig. 9 – Representação do processo de autenticação com RODC e DC Completo

No processo de autenticação com os RODC, seja com computadores clientes ou usuários, irá funcionar basicamente de forma idêntica. Vejam a ilustração e as etapas a seguir:

1. A partir do DNS e do processo **DCLocator,** o cliente calcula que o RODC é a fonte de autenticação autoritativa de seu site. RODC-1 é anunciado como o KDC para o site Filial 1.

2. É realizada uma solicitação **TGT** (KRB_AS_REQ), por parte do cliente (usuário/computador) e a envia para o RODC 1 (para ver se ele já armazenou as credenciais do usuário / computador, no seu banco de dados).

3. O RODC-1 recebe o **KRB_AS_REQ.** O RODC-1 verifica seu banco de dados local e não possui a senha das contas do usuário/computador armazenada localmente; portanto, não pode autenticá-los.

4. O **RODC** encaminha o **KRB_AS_REQ** para o DC-1.

5. O DC-1 recebe o **KRB_AS_REQ** e é capaz de realizar a autenticação das credenciais enviadas, usando sua cópia completa do banco de dados do *Active Directory.*

6. O DC-1 assina um **TGT** usando a conta do domínio **krbtgt** e envia o **KRB_AS_REP** para o RODC-1.

Ao receber a resposta do DC gravável, o RODC toma duas ações:

1. Envia a resposta de autenticação bem-sucedida, **KRB_AS_REP**, para o usuário/computador.

2. Solicita ao DC gravável, DC-1, as credenciais do usuário /computador, para telas em cache e desta maneira poder realizar a autenticação por conta própria.

3. O DC-1 verifica a **PRP** (Password Replication Policy) ativa, e determina que o usuário / computador tem permissão para armazenar em cache a senha da sua conta no RODC-1.

4. O DC-1 replica as credenciais para o RODC-1, que as armazenam em cache, no seu banco de dados local.

Na conclusão desse processo, a conta tem o seu devido **TGT** assinado com a chave do domínio e suas credenciais armazenadas no RODC1.

O protocolo de autenticação kerberos, implementado pelos sistemas operacionais Windows Server, exige a utilização de um ticket de serviço, toda vez que precisamos acessar um serviço no domínio, como acessar uma pasta no File Server, por exemplo. Os controladores de domínio, na figura do seu **KDC** – Centro de Distribuição de Chaves Kerberos, distribuem esses tíquetes – só precisamos solicitá-los.

Importante, salientar que nesta solicitação, precisamos apresentar ao KDC o ticket que adquirimos após o processo de autenticação bem-sucedida. Precisamos ter um bilhete, que no caso é o **TGT** devidamente assinado com a chave kerberos do domínio, para solicitar um ticket de serviço. Com um RODC envolvido, ele executará ações adicionais antes de entregar esses tickets. A ilustração e as etapas a seguir descrevem a aquisição de um tíquete de serviço usando o RODC-1:

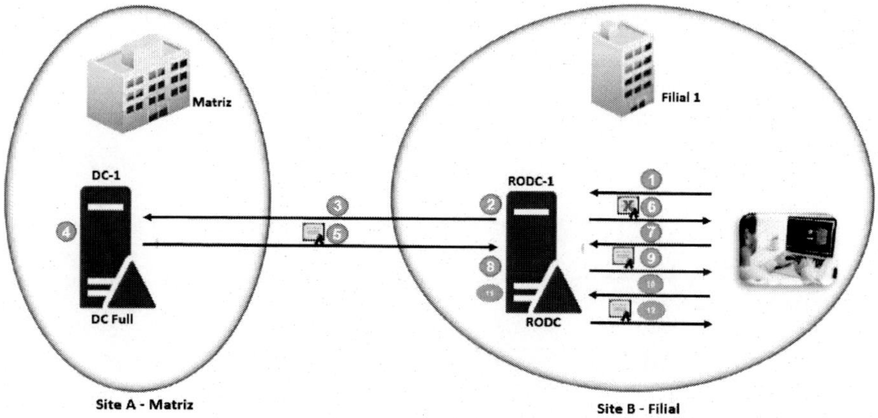

Fig. 10 – Representação do processo de autenticação com RODC

1. O computador cliente (usado pelo usuário) envia uma solicitação de serviço de concessão de permissão Kerberos (**TGS**) (KRB_TGS_REQ) para o usuário solicitante, para RODC-1 no site Filial 1, junto com o **TGT** que foi emitido por DC-1.

2. Ao receber a solicitação **TGS,** o RODC-1 não pode descriptografar o **TGT**, visto que ele não sabe a senha da conta **krbtgt** que os controladores de domínio graváveis usam para criptografar o **TGT**.

3. O RODC-1, portanto, encaminha o **KRB_TGS_REQ** para DC-1 no site Matriz.

4. O DC-1 recebe e decifra o **KRB_TGS_REQ.**

5. O DC-1 responde com uma resposta do Kerberos **TGS** (KRB_TGS_REP) ao RODC-1.

6. Como o RODC-1 armazenou as credenciais do usuário, ele é capaz de atender às solicitações de tíquetes de serviço. Portanto, depois de receber um **KRB_TGS_REP** de DC-1, RODC-1 retorna uma mensagem de erro (**KDC_ERR_TGT_REVOKED**) para o computador cliente, em vez de um ticket de serviço.

7. O computador cliente descarta o **TGT** que foi emitido anteriormente pelo DC-1 depois de receber a mensagem de erro do RODC-1. Em seguida, o computador cliente envia outro **KRB_AS_REQ** para RODC-1.

8. RODC-1 recebe o **KRB_AS_REQ.** Como as credenciais do usuário estão armazenadas em cache, o RODC-1 usa sua própria conta **krbtgt** para criptografar o **TGT**.

9. O RODC-1, em seguida, envia um **KRB_AS_REP** com o novo **TGT** do usuário solicitante para o computador cliente.

10. Agora o computador cliente envia outra solicitação de ticket de serviço **KRB_TGS_REQ,** para o usuário solicitante, com o novo **TGT** emitido pelo RODC-1, destinado ao RODC-1.

11. O RODC-1 recebe o **KRB_TGS_REQ** e é capaz de descriptografar o **TGT** dessa vez, já que possui as credenciais em cache e a **TGT** foi assinada com a sua própria conta **krbtgt**.

12. O RODC-1 gera e envia um **KRB_TGS_REP** com o tíquete de serviço para o usuário solicitante ter acesso ao serviço.

Para um RODC autenticar uma solicitação de logon localmente, as credenciais do usuário e do computador devem ser armazenadas em cache localmente. Se as credenciais do usuário forem armazenadas em cache, mas as credenciais do computador não estiverem armazenadas em cache, o RODC não poderá fornecer um tíquete de serviço para o usuário efetuar logon no computador. Se uma interrupção de rede impedir que o RODC entre em contato com um controlador de domínio gravável que executa o Windows Server 2008 ou posterior, o RODC não poderá fornecer um tíquete de serviço para a conta do computador e o logon do usuário falhará.

3.1.2.4 Relatórios de uso de política

A Microsoft disponibilizou uma maneira simples de verificarmos o status da replicação de senha. Para usar este recurso, é necessário seguir os seguintes passos.

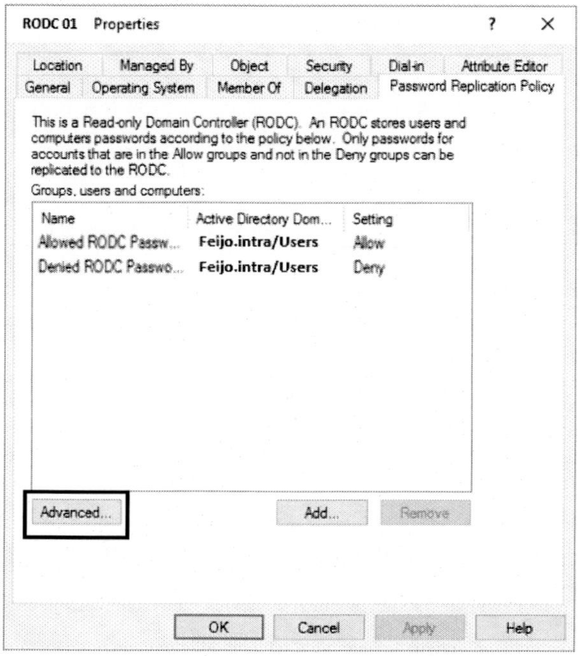

1. A partir da janela de propriedades do RODC, na guia **Password Replication Policy**, clique no botão **Advanced:**

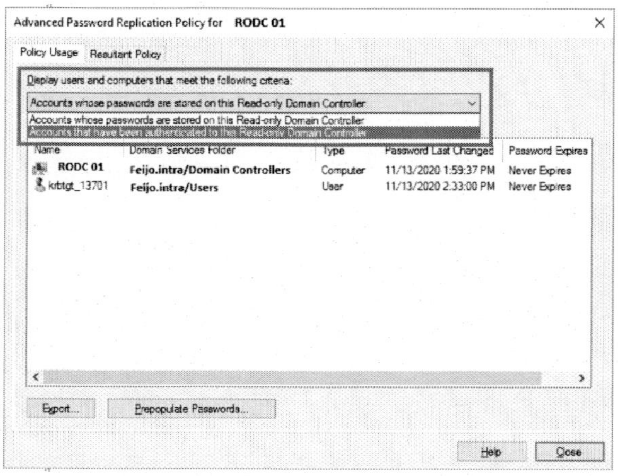

2. Dentro da janela **Advanced Password Replication Policy** do RODC, na lista suspensa, há 2 opções listadas:

Accounts Whose Passwords Are Stored On This Read-Only Domain Controller (Contas cujas senhas são armazenadas neste controlador de domínio somente leitura**):** Nesta opção podemos ver a lista de todas as contas de usuário / computador que estão atualmente com senha em cache no RODC.

Accounts That Have Been Authenticated To This Read-Only Domain Controller (Contas que foram autenticadas para este controlador de domínio somente leitura**):** Nesta opção são listadas as contas de usuário / computador que foram encaminhadas para o controlador de domínio completo, para o processo de autenticação e de tíquetes de serviço.

3.1.2.5 Pré-preenchimento de cache de credenciais

Imagine um cénario onde configuramos a **Politica de replicação de senha**, para conceder a um grupo de usuários a permissão de ter suas credenciais armazenadas no RODC. Mas como podemos observar no processo de autenticação, descrito acima, em que o RODC está envolvido, o armazenamento efetivo das credenciais só ocorrerá quando um dos usuários, membros do grupo em questão, fizer a primeira solicitação de autenticação ao RODC. E não após a configuração da PPR.

Pensando em situações como essa, a Microsoft criou a opção de pré-popularmos o cache do RODC. Assim, quando o usuário fizer login pela primeira vez, sua senha já estará armazenada no RODC. Veja como se faz esta configuração:

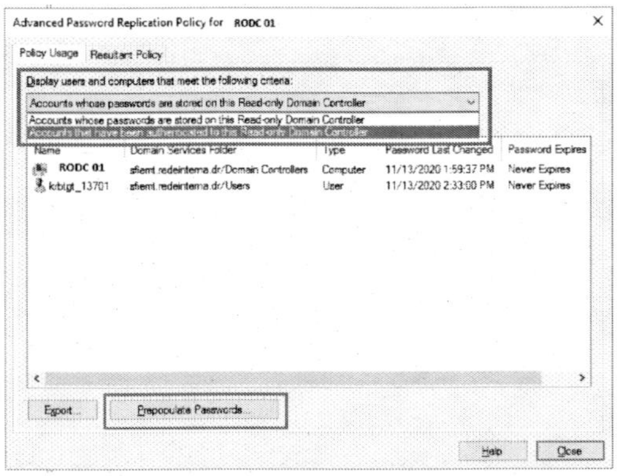

1. Após clicar no botão **Advanced,** presente na guia **Password Replication Policy,** a partir da janela de propriedades do RODC, clique no botão **Prepopulate Passwords,** como mostrado abaixo:

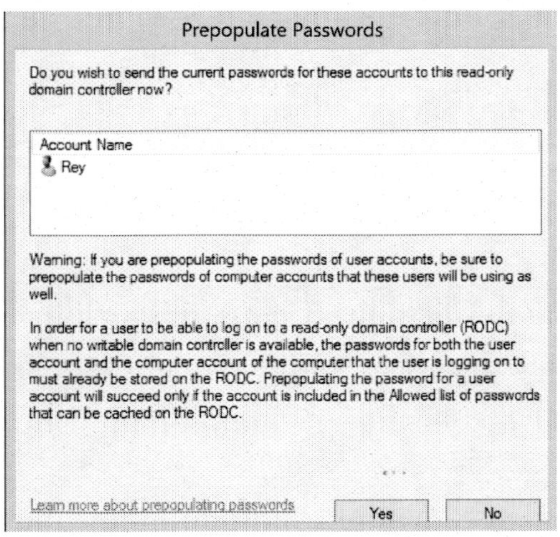

2. Será aberta uma janela, onde poderemos selecionar as contas que pretendemos popular o cache, imediatamente, do RODC, com as suas credenciais. Uma vez selecionado, a seguinte janela de informações será apresentada:

3. Confirme a operação, clicando em Yes.

Lembre-se que o processo de poupular o cache só terá sucesso se a conta em questão, seja de usuário ou computador, já estiver presenta na lista permitida (**msDS-RevealOnDemandGroup**) de cache de senhas.

Contas cujas senhas são preenchidas previamente no RODC não aparecerão em **msDS-AuthenticatedToAccountList**, mas estarão em **msDS-RevealedList**. Isso também pode acontecer se você limpar **msDS-AuthenticatedToAccountList** usando repadmin / prp.

3.1.2.6 Alterações de senha em um RODC

Os usuários alteram suas senhas regularmente, conforme especificado pela política de Domínio Padrão ou por uma **política de senha refinada** (FGPP). Depois de cada tentativa de autenticação atendida por um RODC, o RODC executa uma operação de replicação de objeto único (RSO) para replicar as credenciais da conta se não tiver as credenciais atuais armazenadas localmente.

Em um site que tem um RODC e nenhum controlador de domínio gravável, uma das duas ações pode ocorrer quando os usuários tentam alterar suas senhas:

1. A solicitação de alteração de senha é enviada diretamente a um controlador de domínio gravável. Nesse caso, a alteração de senha é gravada localmente e, em seguida, encaminhada pelo controlador de domínio gravável para o controlador de domínio que contém a função de mestre de operações do emulador de controlador de domínio primário (PDC) no domínio.

2. A solicitação de alteração de senha é enviada ao RODC, que por sua vez a encaminha para um controlador de domínio gravável que executa o Windows Server 2008 ou posterior.

As próximas etapas são as mesmas que ocorreriam se a alteração da senha acontecesse diretamente no controlador de domínio gravável.

Se a senha de um usuário for alterada diretamente em um controlador de domínio gravável, quando qualquer RODC que tiver a senha antiga desse usuário executar um ciclo de replicação normal que inclui essa atualização de senha, embora a senha antiga ainda esteja presente no banco de dados do RODC, os metadados associados aos atributos de senha marcam a senha como ausente. Somente na próxima ocasião em que o usuário fizer logon usando o RODC a nova senha será replicada para o RODC por uma operação RSO.

Em alguns outros casos, uma senha recentemente alterada é replicada do controlador de domínio gravável para o RODC de maneira síncrona como parte da operação de alteração de senha. Todos os esforços são feitos para que a replicação da alteração de senha seja realizada antes de retornar ao cliente que está solicitando a alteração. Isso é um pouco diferente do comportamento do RSO após uma autenticação encaminhada com êxito no RODC. Nesse caso, o RSO é enfileirado e, portanto, assíncrono.

3.1.2.6.1 Como o RODC replica a alteração de senha

Alteração de senha de conta de usuário usando Ctrl + Alt + Del em um computador executando Windows 10 ou Windows Server 2008 ou posterior.

Este método de alteração de senha normalmente usa Kerberos. A função **NetUserChangePassword** chama o pacote de segurança Negotiate, que tenta o protocolo de alteração de senha Kerberos, na maioria dos casos. As sequências de alteração de senha são as seguintes:

1. Uma alteração de senha é iniciada em um computador que executa o Windows 10 ou Windows Server 2008.

2. O RODC encaminha a solicitação de alteração de senha para um controlador de domínio gravável, onde a gravação realmente ocorre.

3. Um logon sem interação do usuário é disparado no computador onde a alteração da senha foi iniciada.

4. O RODC tem a senha antiga, portanto, ele encaminha a solicitação de logon ao controlador de domínio gravável e tenta replicar a nova senha por RSO.

5. O controlador de domínio gravável verifica o PRP e, se o cache de senha for permitido, ele envia a nova senha ao RODC por RSO. Se o RSO não ocorresse ou falhasse, a senha seria anulada no RODC (ou seja, o link entre o valor do atributo de senha e seu endereço de memória é removido; a senha em si não é alterada e permanece armazenada na memória). Se houver uma senha mais recente no controlador de domínio gravável, a replicação normal anula qualquer senha no RODC.

Alteração de senha de conta de computador em um computador executando qualquer versão do Windows

As alterações de senha da conta do computador são realizadas por meio do canal seguro Netlogon. Se o computador cliente tiver um canal seguro para o RODC, o RODC encaminhará a atualização da senha para o controlador de domínio gravável. O RODC então tenta replicar a nova senha usando uma operação RSO. Para que o computador cliente possa estabelecer um canal seguro com o RODC, suas credenciais atuais devem ser armazenadas em cache no RODC.

Se o computador cliente não tiver um canal seguro com o RODC, ele tentará alterar a senha em um controlador de domínio gravável. (Isso sempre acontece se a conta do computador cliente não estiver armazenada em cache no RODC.) Na próxima vez que o computador fizer logon no RODC, a autenticação será encaminhada ao controlador de domínio gravável. Se o PRP permitir que a senha seja armazenada em cache no RODC, o RODC replicará a nova senha como uma alteração individual após a autenticação bem-sucedida.

3.1.2.7 Atualizações de DNS para clientes localizados em um site RODC

É para o servidor DNS, configurado como preferencial, que um cliente envia uma consulta de início de autoridade (SOA), ao iniciar o processo de atualização dinâmica. Como parte das melhores práticas, o servidor DNS da filial é colocado como servidor DNS preferencial para os clientes da filial. Como a cópia da zona DNS, existente no RODC é só de leitura, quando é consultado para o registro SOA, ele retorna o nome de um controlador de domínio gravável que executa o Windows Server 2008 ou posterior e hospeda a zona integrada ao Active Directory. Depois de receber o nome de um controlador de domínio, o cliente é responsável por realizar o registro do registro DNS no servidor gravável. O RODC espera um determinado período de tempo, conforme explicado abaixo, e então tenta replicar o objeto DNS atualizado nos Serviços de Domínio Active Directory (AD DS) do servidor DNS ao qual referenciou o cliente por meio de uma operação RSO (operação de replicação de objeto único).

Mais especificamente, a **consulta SOA** aciona o servidor DNS no RODC para colocar uma entrada em **remotePollList**, que é uma fila interna em cada servidor DNS. A entrada inclui o seguinte:

1. O objeto a ser replicado;
2. O controlador de domínio de origem a partir do qual replicar;
3. Um carimbo de hora.

O carimbo de data / hora é definido como uma hora no futuro igual à hora atual mais um atraso de replicação. O atraso de replicação é controlado por uma configuração de registro chamada **DsRemoteReplicationDelay**. Por padrão, o valor dessa configuração é 30 segundos.

A fila interna (**remotePollList**) é processada em intervalos regulares. O intervalo de processamento da fila é controlado por uma configuração de registro chamada **DSPollingInterval**. Por padrão, o valor do intervalo é de **três minutos**.

Importante saber!
DsPollingInterval controla todas as pesquisas do Active Directory, não apenas o tratamento de RODC RSO. Se este valor for alterado, essa alteração afetará mais do que apenas as operações RODC RSO. Afetará, por exemplo, a frequência com que o servidor DNS consulta o AD DS para registros de recursos novos ou atualizados ou zonas DNS.

Quando o servidor DNS processa a fila, ele tenta replicar apenas os objetos cujo carimbo de data / hora é menor que a hora atual. Portanto, o atraso entre o momento em que o RODC encaminha o cliente a um servidor DNS autoritativo e a tentativa de replicação é determinado pelo seguinte:

- Na próxima vez que o servidor DNS processar a fila;
- Se o atraso de replicação remota definido na entrada na fila já passou.

Se os valores padrões das configurações de registro forem alterados, a quantidade de tempo antes que o RODC tente replicar a atualização do DNS é de no mínimo 30 segundos e no máximo 210 segundos.

É possível modificar os valores dessas configurações do Registro para reduzir o tempo antes de o RODC tentar replicar a atualização do DNS. O valor mínimo para a configuração DsRemoteReplicationDelay é *5 segundos*. O valor mínimo para a configuração **DSPollingInterval** é *30 segundos*. Caso sejam utilizados os valores mínimos, a quantidade de tempo antes que o RODC tente replicar a atualização do DNS é de no *mínimo 5 segundos* e no *máximo 35 segundos*.

Na tabela a seguir, estão algumas entradas de registro adicionais relacionadas às operações RSO executadas para atualizações de DNS em um RODC. Essas entradas de registro são armazenadas na seguinte chave de registro:

HKEY_LOCAL_MACHINE\SYSTEM\CurrentControlSet\Services\DNS\Parameters

Registry entry	Minimum value	Maximum value	Default value
EnableRSOForRODC	Either True or False		True
MaximumRodcRsoQueueLength	1	1000000	300
MaximumRodcRsoAttemptsPerCycle	1	1000000	100
DsRemoteReplicationDelay	5	3600	30

Para modificar qualquer uma das entradas do Registro relacionadas às operações RSO para atualizações de DNS em um RODC, use a ferramenta de linha de comando **dnscmd.exe** para definir o parâmetro apropriado.

Vejamos um cenário em que foi adicionado o servidor SRV_APL01, um servidor membro que executa um serviço que registra os registros no DNS, em uma filial com um RODC, denominado RODC_F05. Para ajudar a reduzir o tempo que leva para os clientes na filial localizarem o novo servidor membro procurando seu endereço IP no DNS, você pode executar o seguinte comando para alterar o valor de **DsRemoteReplicationDelay** para 5:

dnscmd RODC_F05.feijo.intra /config / DsRemoteReplicationDelay 5

dnscmd <server>. <domain>. <com> / Config / DsRemoteReplicationDelay N
Onde <server> é o nome do RODC e <domain>. <com> é o nome do seu domínio.

3.1.2.8 Como o serviço Windows Time funciona em um RODC

A sincronização de tempo confiável é necessária para a autenticação Kerberos. Os computadores clientes podem sincronizar a hora de qualquer controlador de domínio, incluindo um RODC. Um RODC pode sincronizar o horário apenas de um controlador de domínio gravável que executa o Windows Server 2008 ou superior. Quando um controlador de domínio responde às solicitações de sincronização de horário dos clientes, ele é considerado uma "fonte de horário".

Quando um computador cliente tenta sincronizar a hora, a seguinte sequência ocorre no computador cliente:

- O serviço Windows Time (W32time), usando Netlogon, solicita um controlador de domínio que corresponda a um conjunto de critérios.

- O serviço de Tempo do Windows executa a pontuação de todos os controladores de domínio retornados pelas solicitações de pesquisa. Vários pedidos são feitos para localizar uma fonte de tempo ideal.

Quando o serviço de Tempo do Windows escolhe uma fonte de tempo, ele tenta sincronizar com essa fonte de tempo. A sincronização de tempo em um domínio é projetada para operar com segurança para evitar adulteração com as respostas que a fonte de tempo envia.

Quando um computador cliente tenta sincronizar seu relógio local com o relógio da fonte de tempo, o cliente envia uma solicitação de sincronização de tempo. Essa solicitação contém um identificador de segurança (SID) para o computador cliente, que o controlador de domínio usa para gerar uma assinatura para a resposta. Quando o computador cliente recebe a resposta, o computador cliente valida a assinatura para garantir que a resposta veio de fato do controlador de domínio.

Quando um computador cliente tenta sincronizar com uma fonte de tempo, as seguintes etapas ocorrem:

- O serviço de Tempo do Windows solicita um ID relativo (RID) do NetLogon, com base na localização da fonte de tempo.

- O serviço de Horário do Windows adiciona o RID à solicitação (junto com outros valores) e envia a solicitação para a fonte de horário.

3.1.2.8.1 Quando o controlador de domínio recebe a solicitação:

- O computador cliente usa NetLogon para criar uma assinatura com base no segredo associado ao RID contido na solicitação. Quando o computador cliente recebe a resposta da fonte de tempo, ele usa essa assinatura para verificar a identidade da fonte de tempo como sendo um controlador de domínio.

- O controlador de domínio executa o processamento adicional necessário (de acordo com a solicitação de comentários (RFC) 1305) e envia a resposta ao computador cliente.

3.1.2.8.2 Quando o computador cliente recebe a resposta:

- O computador cliente usa NetLogon para gerar uma assinatura com base no segredo associado ao RID que foi enviado na solicitação original. Essa assinatura é gerada da mesma maneira que o controlador de domínio gerou a assinatura antes de enviar a resposta.

- O computador cliente compara a assinatura que gerou com a assinatura na resposta do controlador de domínio. Se as duas assinaturas corresponderem, o computador cliente aceita a resposta.

Os RODCs representam um desafio especial para esse mecanismo de autenticação porque um RODC pode ou não possuir os segredos necessários para gerar uma assinatura adequada. Portanto, o processamento da solicitação em um RODC ocorre da seguinte maneira:

- O RODC recebe a solicitação do computador cliente.

- O serviço Netlogon verifica se o RODC tem a senha do computador armazenada em cache para a conta cujo RID está especificado e tenta assinar a solicitação.

- Se a senha da conta do cliente estiver armazenada em cache no RODC:

- O serviço Netlogon assina a resposta adicionando a assinatura que o NetLogon gera ao campo de autenticação na resposta.
- O RODC envia a resposta assinada pela rede ao computador cliente.
- Se a senha da conta do cliente não estiver em cache:
  - O serviço Netlogon não consegue gerar uma assinatura para a resposta e informa ao serviço Windows Time que não pode gerar uma assinatura.
  - O RODC adiciona uma entrada à "tabela de encadeamento". O objetivo da tabela de encadeamento é permitir que o RODC "lembre" das solicitações que encaminhou a um controlador de domínio gravável para que possa encaminhar a resposta ao computador cliente que fez a solicitação original. A tabela de encadeamento contém os seguintes campos:
    - **Endereço IP**: o endereço IP (seja IP versão 4 (Ipv4) ou IP versão 6 (Ipv6)) do computador cliente que enviou a solicitação.
    - **RID**: O RID que está contido na solicitação.
    - **OriginateTimestamp:** o carimbo de data / hora no computador cliente que indica quando o computador cliente enviou a solicitação. Este campo, junto com o RID, é crítico para combinar a resposta com a entrada apropriada na tabela de encadeamento. O par {RID, OriginateTimestamp} identifica exclusivamente uma solicitação que um determinado cliente envia em um determinado momento.
    - **Tempo de chegada:** o carimbo de hora, de acordo com o RODC, que indica quando a solicitação chegou.
- O RODC encaminha uma solicitação pela rede para o controlador de domínio gravável que está usando atualmente como uma fonte de tempo. O RODC sempre encaminha as solicitações de sincronização de tempo para a fonte de tempo que está usando no momento.
- No controlador de domínio gravável, o processamento da solicitação ocorre normalmente. Do ponto de vista do controlador de domínio gravável, essa parece ser uma solicitação legítima de sincronização de horário do RODC.

- Pela rede, o controlador de domínio gravável envia uma resposta do Network Time Protocol (NTP) de volta ao RODC.

- O RODC recebe a resposta do controlador de domínio gravável. Um RODC sempre tenta corresponder uma resposta a uma entrada na tabela de encadeamento. A resposta do controlador de domínio gravável contém o RID e o valor OriginateTimestamp, que o RODC corresponde a uma entrada na tabela de encadeamento:

    - Se uma entrada for encontrada, o RODC encaminha a solicitação para o endereço IP na tabela de encadeamento.

    - Se uma entrada não for encontrada, o RODC pressupõe que o próprio RODC enviou uma solicitação ao controlador de domínio gravável e processa a resposta de acordo.

3.1.3 Delegar a administração local de um RODC

A **Administrator Role Separation** (Separação de função de Administrador), referenciado em alguns documentos técnicos simplesmente com ARS, é um recurso do RODC que podemos 'lançar mão', com o objetivo de delegar a capacidade de administrar um determinado RODC específico, a um usuário ou grupo de segurança.

É importante frisar que esta operação é restrita ao RODC, portanto, o usuário ou grupo não é adicionado ao grupo Administradores do Domínio e, com isso, não tem direitos adicionais para executar operações de serviço de diretório.

O nível de administração equivale a de um membro do grupo Administradores em um servidor membro. Podendo executar com sucesso tarefas como as seguintes:

- Instalar dispositivos de hardware, como adaptadores de rede e unidades de disco
- Instalar atualizações de software e drivers
- Interromper e iniciar os Serviços de Domínio do *Active Directory* (AD DS)
- Instalar e remover outras funções e recursos do servidor
- Ver registos no Visualizador de Eventos

3.1.3.1 Como definir a ARS

3.1.3.1.1 Durante a instalação do RODC

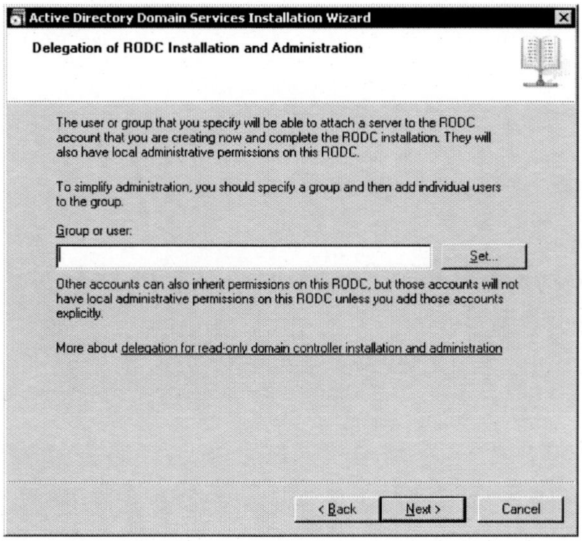

Podemos aproveitar e já no momento da criação do RODC no ambiente, informar a conta, que será utilizada para administrar localmente o RODC, no assistente de Instalação dos Serviços de Domínio *Active Directory*, na etapa denominada Delegação de Instalação e Administração do RODC, conforme a figura a seguir:

3.1.3.1.2 Após a instalação do RODC

Para especificarmos o administrador local do RODC, já estando ele em operação, podemos usar uma das seguintes opções:

1. Atributo managedBy

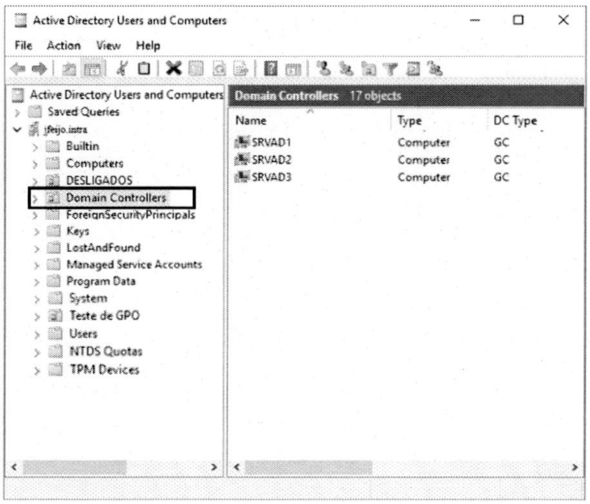

Faça o login em um Controlador de domínio completo, com uma conta de administrador e acessa a Unidade Organizacional Controladores de Domínio, através da ferramenta Usuários e Computadores do *Active Directory*:

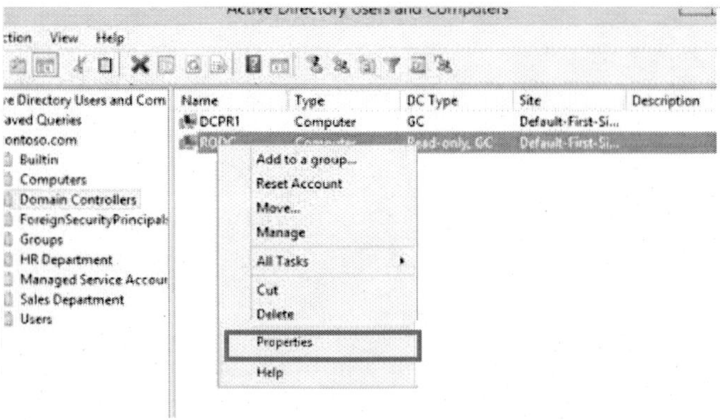

Na relação de Controladores de domínios apresentada, clique com o botão direito no RODC, em que iremos definir o atributo **managedBy** e clique na opção Propriedades.

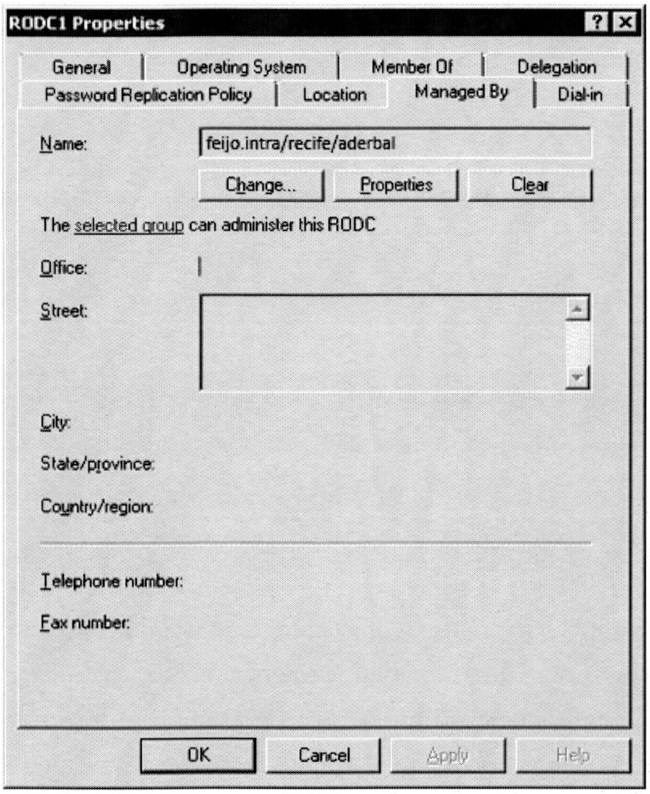

Na Janela **RODC Properties** aberta, na guia **managed By** (gerenciador por), no campo **Name**, clicando em **Change** podemos definir a conta que será delegada para administrar localmente o RODC. Como é possível especificar apenas uma conta, o recomendado é que esta conta seja de um grupo de segurança. Ao utilizar este método, estamos na verdade alterando o atributo **managedBy** do objeto de computador que corresponde ao RODC.

1. Comando dsmgmt

Para executar este procedimento é necessário ser membro do grupo Administradores do domínio.

1. No RODC acesse o prompt de comando;
2. No prompt de comando digite **dsmgmt.exe**, e tecle ENTER.
3. No prompt DSMGMT, digite **local roles**, e tecle ENTER.
4. Digite **add** *<DOMAIN>**<user>* *<administrative role>*

Por exemplo: **add FEIJO\aderbal administrators**

O uso do comando **dsmgmt** para especificar a conta do administrador local do RODC, não é o recomendado, isto porque as informações de que esta operação foi realizada ficam armazenadas apenas localmente no RODC.

Ou seja, ao utilizar **dsmgmt,** a conta que especificamos não aparece na guia **managed By** das propriedades da conta RODC.

3.1.4 Excluindo a conta do RODC

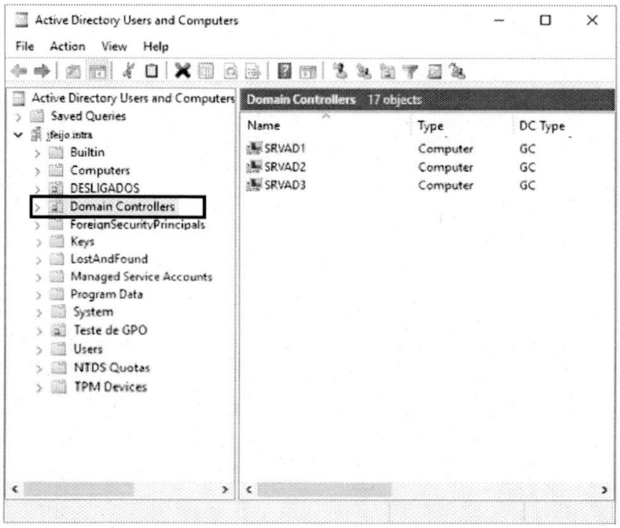

Nos cenários em que ocorrer um físico ou lógico comprometimento de um RODC no ambiente e que seja necessária uma ação imediata para evitar que os dados de credenciais que estavam em cache, neste RODC, sejam utilizados para tentar alguma ação visando obter mais privilégios no restante do domíno, a Microsoft disponibilizou uma forma eficiente de proteção, que pode ser iniciada, no momento de executar a remoção da conta do computador RODC, existe a opção de redefinir todas as senhas das contas que foram autenticadas no RODC, dentro da ferramenta Usuários e Computadores do *Active Directory*.

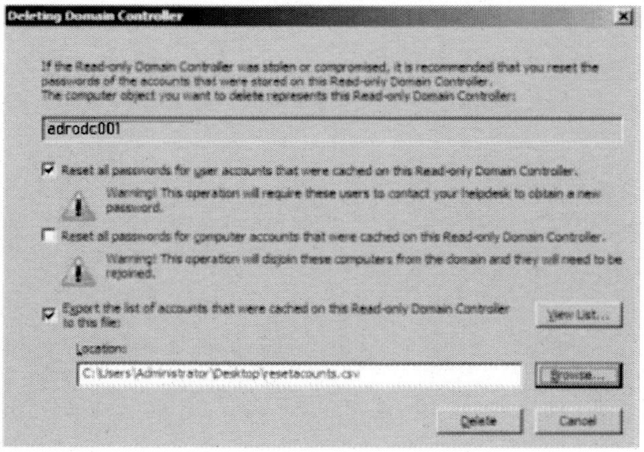

Faça o login em um Controlador de domínio completo, com uma conta de administrador e acesse a Unidade Organizacional **Domain Controllers,** através da ferramenta Usuários e Computadores do *Active Directory*:

Em seguida, clique na conta do RODC que deseja executar a operação de exclusão, clicando com o botão direito e escolhendo a opção: **Delete**. A janela a seguir será apresentada:

Na janela **Deleting Domain Controller**, podemos definir três configurações, antes de concluir a operação de Exclusão do RODC:

1. **Reset all passwords for user accounts that were cached on this Read-only Domain Controller** (Redefinir todas as senhas para contas de usuário armazenadas em cache neste Controlador de Domínio Somente Leitura)

Marcada por padrão, esta opção resultará no reset imediato das senhas de todos os usuários que tinham suas credenciais em cache no RODC comprometido.

2. **Reset all passwords for computer accounts that were cached on this Read-only Domain Controller** (Redefinir todas as senhas para contas de computadores armazenadas em cache neste Controlador de Domínio Somente Leitura)

Esta opção resultará no reset imediato das senhas de todos os computadores que tinham suas credenciais em cache no RODC comprometido.

3. **Export the list off accounts that were cached on this Read-only Domain Controler to this file** (Exportar a lista com todas as contas armazenadas em cache neste Controlador de Domínio Somente Leitura para este arquivo)

Marcada por padrão. A lista de contas que estavam em cache será gerada para o arquivo indicado.

É bem verdade que a redefinição de senhas das contas de usuários e computadores, afetados pelo comprometimento do RODC, tem um custo elevado de suporte, já que todos os usuários afetados não terão acesso ao domínio até que redefinam uma nova senha e os computadores envolvidos terão que ser ingressados novamente no domínio, antes de serem novamente utilizados. Entretanto, ressaltamos que estamos no cenário de alto risco de segurança, o que justifica o custo envolvido.

3.1.5 Limitações e considerações do RODC

1. Os RODCs não podem ser detentores de nenhuma das funções FSMO – Já que para possuir uma dessas funções é necessário conseguir gravar informações no banco de dados do *Active Directory*.

2. Devemos ter apenas um RODC por site, por domínio – se você tiver vários RODCs, o comportamento do armazenamento em cache será inconsistente, pois os segredos compartilhados serão armazenados somente em cache se um usuário entrar nesse RODC específico.

3. Como as alterações do AD DS não podem ser gravadas diretamente em um RODC, nenhuma alteração de replicação é originada em um RODC.

4. Podemos instalar o serviço do servidor DNS em RODCs – os RODCs podem replicar todas as partições de diretório de aplicativos que o DNS usa, incluindo **ForestDnsZones** e **DomainDnsZones**.

5. O uso dos grupos "**Authenticated Users**" ou "**Domain Users**", para definir a configuração do **PRP** como

permitido, não é muito indicado, pois desta forma um grande número de usuários no ambiente acabará tendo suas senhas armazenadas em cache nos RODCs com essa configuração.

3.2 A Virtualização de Controladores de domínio

O grande aumento de utilização de plataformas virtuais, para abrigar servidores nos mais variados cenários dentro das empresas, trouxe consigo uma preocupação específica para os administradores do *Active Directory*. Um recurso comum e de muita utilidade, presente nos hypervisores, a capacidade de voltar o estado anterior de uma máquina virtual, em que a saúde da máquina estava boa, tem um impacto indesejado, no caso dos Controladores de domínio. Isso acontece ao considerarmos as tarefas de replicação e emissão de RID, por exemplo, que não consideravam o cenário em que tivessem de lidar com o retrocesso de registros críticos que controlam a integridade destas tarefas.

A Microsoft, então, diante destes cenários, começou a trabalhar forte no sentido de equalizar os problemas detectados relacionados **à** virtualização de ambientes dos Serviços de Domínio *Active Directory* (AD DS). A partir do Windows Server 2012, o AD DS fornece um maior suporte para a virtualização de controladores de domínio, que possuem a capacidade de tratar a reversão de forma transparente para o ambiente, sem nenhum impacto danoso, isso graças **à** utilização de recursos que tornam a virtualização segura.

Com esses novos recursos de virtualização o AD DS passa a ter muito mais suporte em cenários de nuvens públicas, privadas e em ambientes híbridos, além, é claro, de infraestruturas que residem totalmente no local.

3.2.1 O Desafio

A replicação do AD DS utiliza um valor crescente constante, denominado **Update Sequence Number – USN**, atribuído a transações em cada controlador de domínio. Cada instância do banco de dados do controlador de domínio possui uma identidade, denominada **InvocationID**. Então ao juntarmos o **USN** da transação de gravação executada no controlador de domínio com o **InvocationID** do controlador de domínio, temos um identificador exclusivo dentro da floresta.

Esse identificador exclusivo (**InvocationID + USN**) é utilizado pela replicação do AD DS, em todos os controladores de domínio para determinar quais as alterações precisam ser replicadas. Então, vamos imaginar um cenário em que um controlador de domínio foi retrocedido no tempo, sem o reconhecimento do controlador de domínio, e um USN é reutilizado em uma transação diferente, a tentativa de fazer uma replicação (**InvocationID + USN reutilizado**) falhará, porque outros controladores de domínio acreditarão que já receberam as atualizações associadas ao **USN** reutilizado no contexto desse **InvocationID**.

Vejamos uma ilustração, demonstrando esse processo:

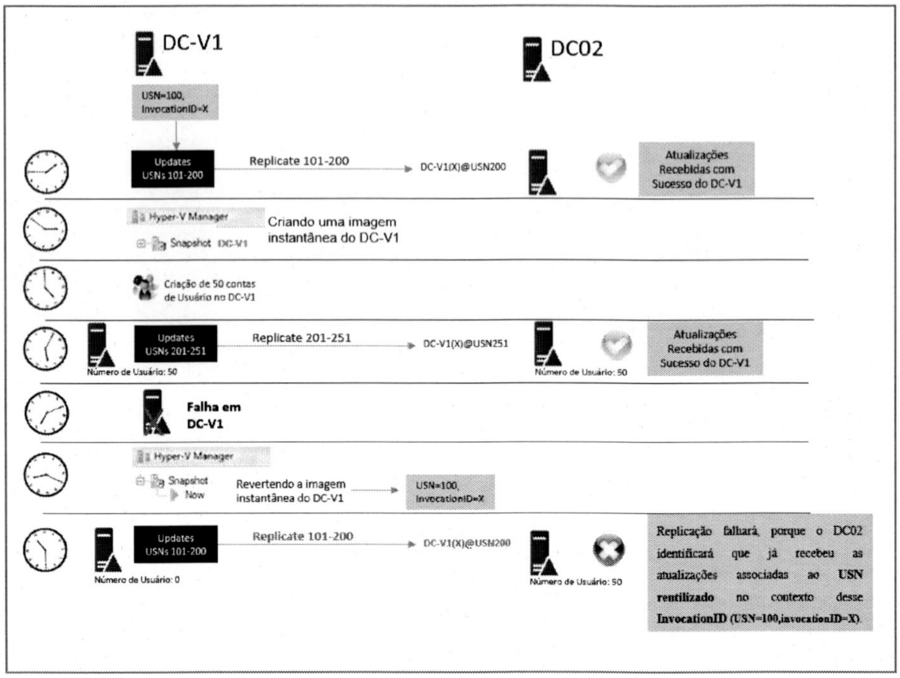

Fig. 11 – Representação do processo de falha de replicação de um DC Virtualizado

3.2.2 A Solução

A partir do Windows Server 2012, os controladores de domínio virtuais do AD DS hospedados em plataformas de hypervisor que dão suporte a um identificador chamado **GenerationID** (ID de Geração de VM), passaram a ter a capacidade de detectar e empregar medidas de segurança necessárias para proteger o ambiente do AD DS.

O design **VM-GenerationID**, visa estabelecer a entrega de uma virtualização segura, por qualquer hypervisor que possua suporte à tecnologia. O design prevê a utilização de um mecanismo independente do fornecedor de hypervisor para expor esse identificador no espaço de endereço da máquina virtual convidada. Esse identificador é utilizado por serviços e aplicativos em execução na máquina virtual para detectar se uma máquina virtual foi revertida no tempo.

3.2.2.1 Como funciona

O processo começa durante a instalação do controlador de domínio, nesse momento o AD DS armazena inicialmente o identificador **GenerationID** da VM como parte do atributo **msDS-GenerationID** no objeto de computador do controlador de domínio em seu banco de dados (NTFS.DIT). O VM **GenerationID** é rastreado de forma independente por um driver do Windows dentro da máquina virtual.

Quando a máquina virtual sofre um **roll back** (revertida no tempo) pela aplicação de um snapshot (backup instantâneo) anterior da VM, o valor atual da VM GenerationID do driver da máquina virtual é comparado com um valor armazenado no NTDS.DIT.

Se os dois valores forem diferentes, duas ações são tomadas: invocationID é redefinido e o pool RID descartado, evitando assim a reutilização do USN. Se os valores forem os mesmos, a transação será confirmada como normal.

Essa ação de comparação também acontece sempre que o Controlador de domínio é reinicializado, ou seja, valores do VM GenerationID da máquina virtual com o que está armazenado na DIT, são comparados.

Vejamos uma ilustração, demonstrando a proteção de virtualização sendo aplicada quando uma reversão do USN é detectada em um controlador de domínio virtualizado executando o Windows Server 2012 em um hipervisor que suporta o VM-GenerationID.

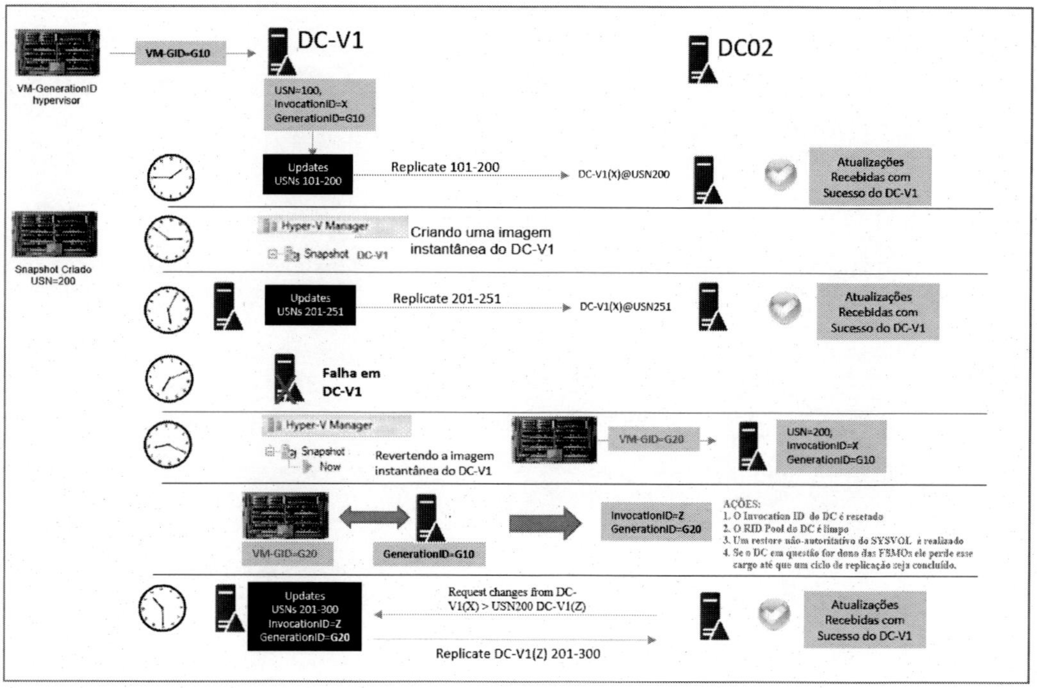

Fig. 12 – Representação do processo de replicação de um DC Virtualizado com o atributo GenerationID

Podemos elaborar uma pequena lista, em que estão dispostas as situações que resultarão ou não na mudança do valor do indentificador **GenerationID**:

Quando o GenerationID **NÃO** é alterado:

- O Controlador de Domínio Virtual é pausado ou retomado
- O Controlador de domínio Virtual é reinicializado
- Ocorrência de Reinicializações do host
- São executadas operações de vMotioned / Live Migrated no DC Virtual

Quando o GenerationID É alterado:

- O Controlador de domínio Virtual começa a executar um instantâneo
- O Controlador de domínio Virtual é recuperado de um backup
- O Controlador de domínio Virtual falhou em um ambiente de recuperação de desastre
- O Controlador de domínio Virtual é importado, copiado ou clonado

3.2.3 Troubleshooting (Solução de Problemas)

O monitoramento e análise dos logs internos, é fundamental para a resolução de problemas relacionados com a Virtualização de Controladores de domínio. A Microsoft disponibilizou uma longa série de eventos que são gravados pelo Controlador de domínio virtualizado, no log de eventos *Directory Services* (Serviçois de Diretório). Os logs de *Application, File Replication Service*, e DFS *Replication*, também podem conter informações úteis sobre solução de problemas.

A seguir segue a relação de alguns destes eventos, que são fundamentais tanto para indicar o bom funcionamento do processo de virtualização, quanto indicar as possíveis causas dos erros que estejam ocorrendo:

Event ID	2168
Source	Microsoft-Windows-ActiveDirectory_DomainService
Severity	Informational
Message	Microsoft-Windows-ActiveDirectory_DomainService The DC is running on a supported hypervisor. VM Generation ID is detected. Current value of VM Generation ID: %1
Notes and resolution	This is a success event and only an issue if unexpected.

Event ID	2169
Source	Microsoft-Windows-ActiveDirectory_DomainService
Severity	Informational
Message	There is no VM Generation ID detected. The DC is hosted on a physical machine, a down-level version of Hyper-V, or a hypervisor that does not support the VM Generation ID. Additional Data Failure code returned when checking VM Generation ID:%1
Notes and resolution	This is a success event if not intending to clone. Otherwise, examine the System event log and review hypervisor product support documentation.

Event ID	2170
Source	Microsoft-Windows-ActiveDirectory_DomainService
Severity	Warning
Message	A Generation ID change has been detected. Generation ID cached in DS (old value):%1 Generation ID currently in VM (new value):%2 The Generation ID change occurs after the application of a virtual machine snapshot, after a virtual machine import operation or after a live migration operation. will create a new invocation ID to recover the domain controller. Virtualized domain controllers should not be restored using virtual machine snapshots. The supported method to restore or rollback the content of an Active Directory Domain Services database is to restore a system state backup made with an Active Directory Domain Services aware backup application.
Notes and resolution	This is a success event if intending to clone. Otherwise, examine the System event log.

Event ID	2172
Source	Microsoft-Windows-ActiveDirectory_DomainService
Severity	Informational
Message	Read the msDS-GenerationId attribute of the Domain Controller's computer object. msDS-GenerationId attribute value:%1
Notes and resolution	This is a success event if intending to clone. Otherwise, examine the System event log.

Event ID	2179
Source	Microsoft-Windows-ActiveDirectory_DomainService
Severity	Informational
Message	The msDS-GenerationId attribute of the Domain Controller's computer object has been set to the following parameter: GenerationID attribute:%1
Notes and resolution	This is a success event and only an issue if unexpected.

Event ID	2180
Source	Microsoft-Windows-ActiveDirectory_DomainService
Severity	Warning
Message	Failed to set the msDS-GenerationId attribute of the Domain Controller's computer object. Additional Data Failure code:%1
Notes and resolution	Examine the System event log and Dcpromo.log. Lookup the specific error in MS TechNet, MS Knowledgebase, and MS blogs to determine its usual meaning, and then troubleshoot based on those results.

Event ID	2189
Source	Microsoft-Windows-ActiveDirectory_DomainService
Severity	Informational
Message	set the following registry values to initialize SYSVOL replica during a non-authoritative restore: Registry Key:%1 Registry Value: %2 Registry Value data: %3 Active Directory detected that the virtual machine that hosts the domain controller was reverted to a previous state. needs to initialize a non-authoritative restore on the local SYSVOL replica. This is done by stopping the FRS or DFSR service used to replicate the SYSVOL folder and starting it with the appropriate registry keys and values to trigger the restore.
Notes and resolution	Expected when restoring a snapshot. All SYSVOL data on this domain controller is replaced with a partner DC's copy.

3.3 Clonagem de Controladores de domínio

A partir do Windows Server 2012, a Microsoft disponibilizou recursos para que os administradores do *Active Directory* pudessem implantar com facilidade e segurança, clones (réplicas) de controladores de domínio, a partir da cópia de um controlador de domínio virtual existente.

O novo recurso de clonagem, introduzido no Windows Server 2012, faz com que o processo de criação de um novo controlador de domínio adicional seja completado rapidamente, gerando uma grande economia de tempo quando se trata de provisionar controladores de domínio para implantação rápida.

Podemos destacar alguns cenários que se beneficiam da clonagem do controlador de domínio virtual:

- Criar rapidamente vários controladores de domínio adicionais em um novo domínio;
- Absorver em um curto espaço de tempo demanda no aumento de infraestrutura do AD DS, em função do aumento de números de filiais ou crescimento interno;
- Durante a recuperação de desastres, restaurando a capacidade do AD DS, permitindo assim, a rápida continuidade dos negócios.
- Otimize as implantações de nuvem privada, aproveitando o aprovisionamento elástico de controladores de domínio para acomodar requisitos de escalas maiores;

3.3.1 Requisitos

Existem alguns requisitos básicos de infraestrutura para aproveitar a clonagem de Controladores de domínio no ambiente:

- A plataforma de virtualização deve suportar o VM-GenerationID. O Hyper-V versão 3 no Windows Server 2012 e o vSphare 5.1, são exemplos de hypervisores com suporte a esse recurso.
- O Controlador de domínio virtual de origem deve estar executando o Windows Server 2012 ou superior.
- O detentor da função FSMO, PDC Emulator (emulador PDC) deve estar online, disponível para o Controlador de domínio clonado e deve estar executando o Windows Server 2012 ou superior.

Com relação à exigência de um Controlador de domínio, com Windows Server 2012, com a função de PDC Emulator, disponível para o novo Controlador de domínio clonado, se explica, por este ser o responsável pelas seguintes ações, no processo:

- Um grupo especial, chamado **Cloneable Domain Controllers** (Controladores de domínio clonável) é criado no *Active Directory*. Por padrão, o grupo não possui membros. O PDC Emulator, quando no Windows Server 2012, cria esse grupo se ele ainda não existir.

- O protocolo **RPC drsuapi** é usado pelo Controlador de domínio virtual de origem para contatar diretamente o PDC Emulator para criar o objeto de computador para o controlador de domínio que está sendo clonado.

Ainda, em relação aos requisitos, podemos citar ainda dois, sem os quais o processo de clonagem não será iniciado:

- **O Grupo Cloneable Domain Controllers**
  O grupo **Cloneable Domain Controllers** é criado no contêiner Usuários. A associação a este grupo determina se um Controlador de domínio pode ou não ser clonado. O controlador de domínio só deve passar a ser membro do grupo, quando este for usado no processo de Clonagem, caso não haja previsão de uso da Clonagem no ambiente ou esta já tenha sido devidamente concluída, este grupo deverá estar vazio.

- **A presença do arquivo DCCloneConfig.xml**
  O **DCCloneConfig.xml** é um arquivo de configuração XML que contém todas as configurações que o Controlador de domínio clonado executará ao inicializar. Isso inclui configurações de rede, DNS, WINS, nome do site AD, novo nome do DC e muito mais. Abordaremos a geração deste arquivo logo a seguir.

3.3.2 Componentes da Clonagem

São componentes do processo de clonagem: **cmdlets do PowerShell**, no módulo do *Active Directory* e arquivos XML associados:

- **New-ADDCCloneConfigFile**
  Esse cmdlet gerará o XML de configuração **DCCloneConfig.xml** e o colocará no local padrão **(*%windir%\NTDS*)***. Para execução do* cmdlet, podemos usar os seguintes parâmetros:

  - **–AlternateWNSServer**
    Especifica o nome do servidor WINS alternativo a ser usado pelo controlador de domínio clonado se o servidor WINS preferencial não estiver disponível

  - **–CloneComputerName**
    Especifica o nome do computador para o controlador de domínio clonado. Se esse parâmetro não for especificado como um nome exclusivo, uma nomenclatura é gerada, seguindo as seguintes regras:

- Os 08 (oito) primeiros caracteres do nome do computador do controlador de domínio de origem.

Por exemplo, um nome de computador de origem de DCVirtual_Matriz é truncado para uma sequência de prefixo de DCVirtua.

- Um sufixo de nomenclatura exclusivo do formato **–CLnnnn** é anexado à sequência de caracteres de prefixo em que nnnn é o próximo valor disponível de 0001-9999 que o controlador de domínio primário (PDC) determina que não está em uso no momento.

Por exemplo, se 0099 for o próximo número disponível dentro do intervalo permitido. O nome final que seria dado ao novo Controlador de domínio seria: DCVirtua-CL0099.

- **–Ipv4Address**
  Especifica o endereço Ipv4 (Internet Protocol versão 4) a ser atribuído ao controlador de domínio clonado.

- **–Ipv4DefaultGateway**
  Especifica o endereço Ipv4 (Internet Protocol version 4) do gateway padrão a ser usado pelo controlador de domínio clonado.

- **–Ipv4DNSResolver**
  Especifica o endereço Ipv4 para o servidor DNS a ser usado pelo controlador de domínio clonado para resolver nomes. Um máximo de quatro valores de string pode ser fornecido.

- **–Ipv4SubnetMask**
  Especifica a máscara de sub-rede Ipv4 (Internet Protocol versão 4) a ser usada na sub-rede em que o controlador de domínio clonado deve estar localizado.

- **–Ipv6DNSResolver**
  Especifica o endereço Ipv6 para o servidor DNS a ser usado pelo controlador de domínio clonado para resolver nomes.

- **–Offline**
  Indica se o cmdlet está sendo executado em uma mídia ou no controlador de domínio que está sendo preparado para clonagem.

- **–Path**
  Especifica o caminho da pasta a ser usado ao gravar o arquivo de configuração clone, DCCloneCon-

fig.xml. Ao executar o cmdlet New-ADCCLoneConfigFile no modo (parâmetro Offline é especificado), o parâmetro Path é necessário.

- **–PreferredWINSServer**
  Especifica o nome do servidor WINS primário a ser usado como o servidor WINS preferencial para o controlador de domínio clonado.

- **–SiteName**
  Especifica o nome do site do *Active Directory* no qual colocar o controlador de domínio clonado.

- **–Static**
  Indica se a configuração TCP / IP especificada para o controlador de domínio clonado é configuração IP estática ou dinâmica.

O cmdlet **New-ADDCCloneConfigFile** executa verificações de pré-requisitos para garantir que a clonagem tenha sucesso e só gerará o arquivo DCCloneConfig.xml depois de passar pelas verificações.

As verificações de pré-requisitos que ele executa são:

- O Controlador de domínio que está sendo preparado é autorizado para clonagem? (Ou seja, é um membro do grupo **Cloneable Domain Controllers**)

- O PDC está online e sendo executado no Windows Server 2012?

- Quaisquer programas ou serviços listados a partir da execução de Get-ADDCCloningExcludedApplicationList estão incluídos no CustomDCCloneAllowList.xml.

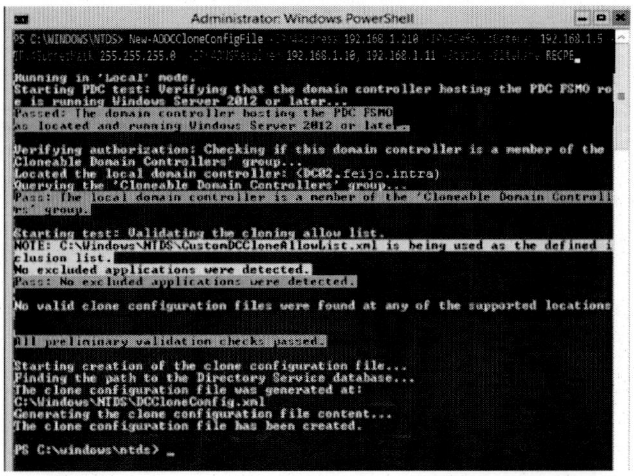

- O Controlador de domínio que está sendo preparado é autorizado para clonagem? (Ou seja, é um membro do grupo **Cloneable Domain Controllers**)

- O PDC está online e sendo executado no Windows Server 2012?

- Quaisquer programas ou serviços listados a partir da execução de Get-ADDCCloningExcludedApplicationList estão incluídos no CustomDCCloneAllowList.xml.

- DCCloneConfig.xml
Para clonar com êxito um controlador de domínio virtualizado, esse arquivo deve estar armazenado em:

  - windir% \ NTDS;
  - Raiz de uma unidade de mídia removível.
  O fato de este arquivo não está presente, descaracteriza o processo de Clonagem.

  O esquema e um arquivo de amostra para o arquivo **DCCloneConfig.xml** são armazenados em todos os computadores com Windows Server 2012 em:

  - % windir% \ system32 \ DCCloneConfigSchema.xsd
  - % windir% \ system32 \ SampleDCCloneConfig.xml

  A Microsoft recomenda, como boa prática a utilização do cmdlet **New-ADDCCloneConfigFile** para criar o arquivo **DCCloneConfig.xml.**

- Get-ADDCCloningExcludedApplicationList

Antes do início do processo de clonagem é importante executar este cmdlet no controlador de domínio de origem para determinar quais serviços ou programas instalados não estão na lista padrão suportada: **DefaultDCCloneAllowList.xml** ou na lista **CustomDCCloneAllowList.xml** (lista que podemos incluir serviços ou programas que não constem da lista padrão) e que não tiveram seu impacto no processo de clonagem avaliado, fazendo com que o processo falhe.

Se os serviços ou aplicativos não forem clonáveis, devem ser removidos do controlador de domínio de origem antes de criar a mídia clone.

- **.DefaultDCCloneAllowList.xml**
Este arquivo está presente por padrão em todos os controladores de domínio do Windows Server 2012 no **%windir%\system32**. Ele lista os serviços e programas instalados que podem ser clonados com segurança por padrão. Não devemos alterar o local ou o conteúdo deste arquivo ou a clonagem falhará.

- **CustomDCCloneAllowList.xml**
Os serviços ou programas instalados que residem no controlador de domínio de origem que estejam fora dos listados no arquivo **DefaultDCCloneAllowList.xml**, deverão ser incluídos nesse arquivo, caso queira

incluí-los no processo de clonagem.

3.3.3 Troubleshooting (Solução de Problemas)

Assim como no processo de virtualização o monitoramento e análise dos logs internos é fundamental para compreender e solucionar os problemas. Os logs internos são importantes para solucionar problemas com a clonagem do controlador de domínio.

Todos esses logs são ativados e configurados para detalhamento máximo, por padrão:

Log
• Event viewer\Windows logs\System • Event viewer\Applications and services logs\Directory Service • %systemroot%\debug\dcpromo.log

São possíveis causas de problemas no processo de Clonagem e que podem ser identificadas no log dcpromo.log:

- O PDC Emulator não está disponível ou não é um controlador de domínio do Windows Server 2012;

- Foram encontrados aplicativos que não estão na lista padrão permitida e não há uma lista de permissão personalizada presente.

- O Controlador de domínio origem não é um membro do grupo Cloneable Domain Controllers.

A seguir segue a relação de alguns eventos, relacionados ao processo de clonagem dos Controladores de domínio:

Event ID	**2160**
Source	Microsoft-Windows-ActiveDirectory_DomainService
Severity	Informational
Message	The local *<COMPUTERNAME>* has found a virtual domain controller cloning configuration file. The virtual domain controller cloning configuration file is found at: %1 The existence of the virtual domain controller cloning configuration file indicates that the local virtual domain controller is a clone of another virtual domain controller. The *<COMPUTERNAME>* will start to clone itself.

Event ID	**2162**
Source	Microsoft-Windows-ActiveDirectory_DomainService
Severity	Error
Message	Virtual domain controller cloning failed. Please check events logged in System event logs and %systemroot%\debug\dcpromo.log for more information on errors that correspond to the virtual domain controller cloning attempt. Error code: %1

Event ID	**2165**
Source	Microsoft-Windows-ActiveDirectory_DomainService
Severity	Error
Message	*<COMPUTERNAME>* failed to start a thread during the cloning of the local virtual domain controller. Error code:%1 Error message:%2 Thread name:%3

Event ID	**2175**
Source	Microsoft-Windows-ActiveDirectory_DomainService
Severity	Error
Message	Virtual domain controller clone configuration file exists on an unsupported platform.
Notes and resolution	This occurs when a dccloneconfig.xml is found but a VM Generation-ID could not be found, such as when a dccloneconfig.xml file is found on a physical computer or on a hypervisor that does not support VM Generation-ID.

Event ID	**2178**
Source	Microsoft-Windows-ActiveDirectory_DomainService
Severity	Informational
Message	Detected virtual domain controller clone configuration file, but VM Generation ID has not been changed. The local DC is the clone source DC. Rename the clone configuration file.
Notes and resolution	Expected when booting a source VM back up, because the VM Generation ID has not changed. This prevents the source domain controller from trying to clone.

Event ID	**2196**
Source	Microsoft-Windows-ActiveDirectory_DomainService
Severity	Error
Message	Failed to enable shutdown privilege. Error code:%1 Error message:%2 When virtual domain controller cloning failed or virtual domain controller clone configuration file appears on a non-supported hypervisor, the local machine will reboot into DSRM for troubleshooting. Enabling shutdown privilege failed.

Event ID	2212
Source	Microsoft-Windows-ActiveDirectory_DomainService
Severity	Informational
Message	<COMPUTERNAME> started to create objects for the clone domain controller. Additional data: Clone Id: %1 Clone name: %2 Clone site: %3 Clone RODC: %4
Notes and resolution	This is a success event and only an issue if unexpected.

Event ID	2222
Source	Microsoft-Windows-ActiveDirectory_DomainService
Severity	Error
Message	<COMPUTERNAME> failed to set password for the cloned domain controller. Additional data: Clone Id: %1 Clone domain controller name: %2 Error: %3 %4
Notes and resolution	Examine the system event log for further details on why the machine account password could not be set.

Capítulo 4

Funções de Controladores de Domínio

Com o aparecimento do *Active Directory*, no ambiente de infraestrutura da Microsoft, muitos serviços e novos conceitos foram implementados, servindo de base para as novas funcionalidades propostas pelo, então novo serviço de diretórios da Microsoft, funciona-se com êxito.

Um dos conceitos introduzidos com o *Active Directory* foi o dos **FSMO – Flexible Single-Master Operation**, que são regras aplicadas a certos Controladores de domínio de vital importância para o funcionamento da rede.

4.1 Operations Masters (Mestres de Operações) – FSMO

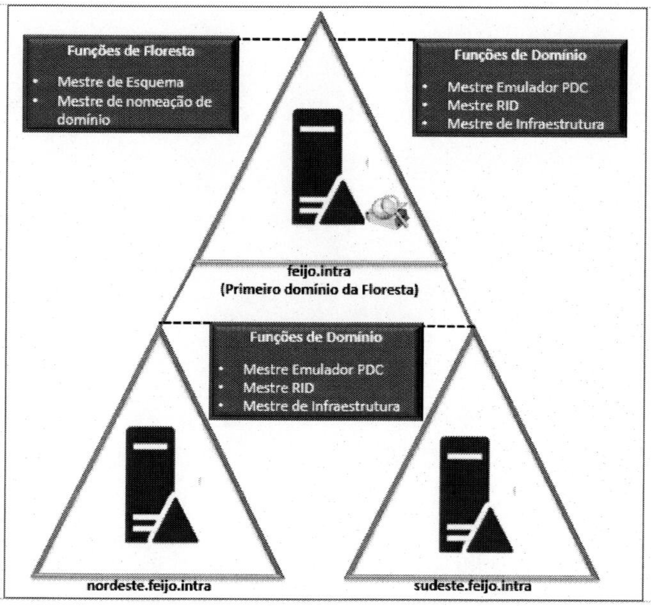

Fig. 13 – Representação das regras FSMO

No total de cinco regras, são divididas e atuam em dois níveis: **Floresta** e **Domínio**

4.1.1 Detalhando as FSMO

Vale salientar que apenas os Controladores de Domínio – DC podem hospedar as regras, pois somente estes possuem uma cópia do tipo gravável do *Active Directory*.

As regras são divididas da seguinte forma:

4.1.2 Floresta

Correspondem as regras que afetam a Floresta como todo e podem estar em qualquer controlador de Domínio da Floresta, são elas:

4.1.2.1 Mestre de Esquema

A regra Mestre de Esquema diz respeito à possibilidade de alteração do Esquema do *Active Directory* e apenas um Controlador de domínio em toda a floresta pode hospedá-la. Para realizar alterações no esquema, o administrador, que deverá ser membro do grupo Administradores do Esquema, é necessário estar conectado ao Mestre de Esquema. Por padrão, o primeiro controlador de domínio instalado na Floresta assume o papel de Mestre de Esquema.

4.1.2.2 Mestre de Nomeação de Domínio

Responsável por gerenciar a adição e remoção de domínios na hierarquia da floresta. É necessário que o Controlador de Domínio com a função de Mestre de Nomeação de domínio esteja disponível, nas seguintes situações:

- Adicionar ou remover Domínios

O Mestre de nomeação de domínio é o responsável por assegurar que o nome do domínio seja único. Então, quando criamos um domínio filho ou uma nova árvore, o Mestre de Nomeação de Domínio é contactado para garantir que o nome do novo domínio seja único.

- Adicionar ou remover partições de aplicações de diretório

Partições de diretório de aplicação são partições especiais que podem ser criadas em Controladores de Domínio com o Windows Server 2003 ou superior para prover arquivamento dinâmico dos dados da aplicação.

- Validação da operação de Renomeação de domínios
- Adicionar ou remover objetos de referência

Por padrão, o primeiro controlador de domínio instalado na Floresta assume o papel de Mestre de Nomeação de Domínio.

4.1.3 Domínio

Correspondem as regras que afetam apenas o Domínio e podem estar em qualquer controlador de Domínio, dentro do domínio em questão, são elas:

4.1.3.1 Emulador de PDC

Esta regra faz referência à estrutura existente na plataforma NT, onde ao invés de termos Controladores de

Domínio – DC, tínhamos PDC – Controlador de Domínio Primário e BDC – Controlador de domínio Secundário, onde apenas nos PDCs, poderiam ser realizadas alterações.

Além disso, esta regra é importante por ser responsável por controlar bloqueios de contas, sincronismo do relógio do domínio e relação de confiança com outros domínios.

4.1.3.2 Mestre RID

Cada objeto (usuários, grupos, contas de computador), tem que possuir um identificador único, chamado **Security Identifier,** ou simplemente **SID,** o controlador de domínio que tem a função de **RID Master, é o responsável pelo** controle e distribuição de SID, para os demais controladores de domínio do domínio, que os utilizarão, a medida que os objetos forem criados.

4.1.3.3 Mestre de Infraestrutura

Imagine um usuário que é membro de vários grupos, ao alterarmos o atributo referente ao nome deste usuário, isto refletirá em todos os grupos aos quais ele pertence, e adivinhe quem é o responsável por esta tarefa, isso mesmo, o *Infrastructure Master*. E a tarefa se torna mais importante ainda quando temos um ambiente de múltiplos domínios.

4.1.4 Onde estão abrigadas as FSMO

Podemos verificar quais são os Controladores de Domínio, que detêm as regras de Operações Mestres, de várias formas:

4.1.4.1 Via NetDom

Digite o comando "**netdom query fsmo**" no PowerShell:

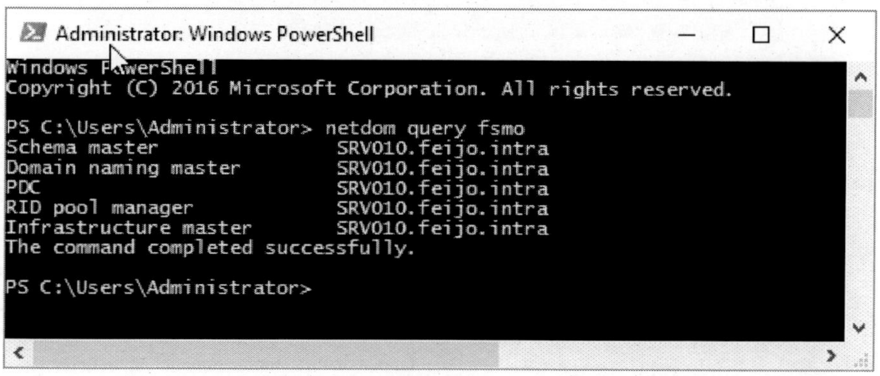

4.1.4.2 Via ReplMon

Outra ferramenta do Support Tools, **ReplMon**, permiti-nos também visualizar onde estão hospedadas as regras FSMO:

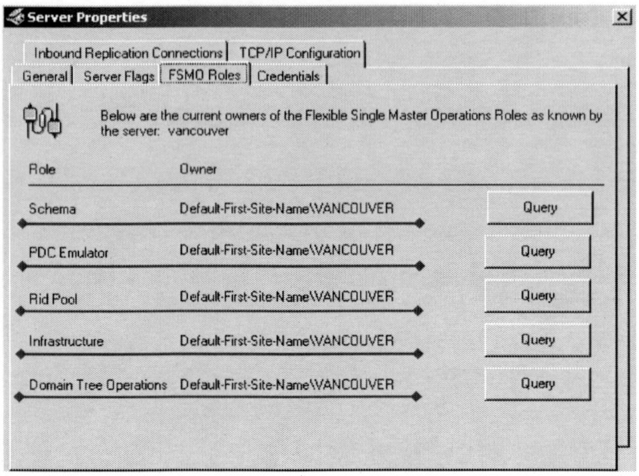

Fig. 14 – Proprietários das FSMO, mostrados pelo utilitário Replmon

1. Execute o ***replmon***, do executar, do menu inciar;
2. Na console do ***relpmon***, clique com o botão direito em ***Monitored Servers*** e, em seguida, em ***Add monitored Server***;
3. Clique em ***Search the directory of the server to add*** e informe o ***domínio***;
4. Encontre o ***Controlador de Domínio*** entre os ***sites***;
5. Expanda **sites**, clique com o botão direito no ***DC*** e escolha ***Propriedades***;
6. Vá a Guia ***FSMO Roles*** e verifique as Regras e seus proprietários.

4.1.4.3 Via PowerShell

Get-ADDomain | Select-Object InfrastructureMaster, RIDMaster, PDCEmulator
Get-ADForest | Select-Object DomainNamingMaster, SchemaMaster

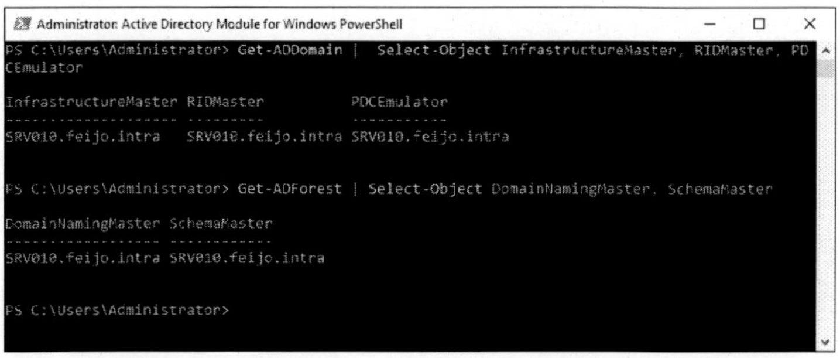

4.1.5 Transferindo as regras FSMO

Ao instalar o primeiro Controlador de Domínio – DC, da floresta (forest root domain), este recebe todas as cinco regras FSMO (três relativas ao domínio e 2 relativas a Floresta). Assim como cada novo controlador de domínio de um domínio filho ou de uma nova árvore hospedará as três regras FSMO referentes a Domínios.

A transferência das regras FSMO se dará quando surgir uma necessidade de hospedarmos as regras FSMO em outros controladores de domínio, mas o controlador de domínio no qual as regras estão hospedadas atualmente está em operação normal.

A transferência para outros Controladores de domínio poderá ser realizada das seguintes formas:

4.1.5.1 Via Ambiente gráfico

Para as regras a nível de Domínio a ferramenta utilizada é a Usuários e Computadores do *Active Directory*:

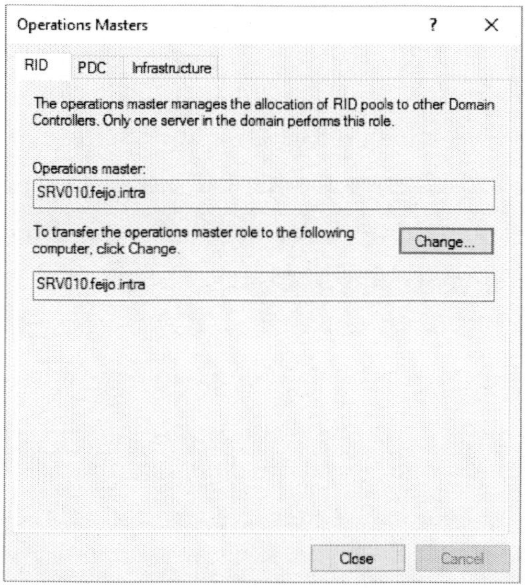

1. Execute na .msc, na caixa executar, para abrir Usuários e Computadores do *Active Directory*;
2. Ao abrir Usuários e Computadores do *Active Directory*, verifique se está conectado no Controlador de Domínio que irá receber as FSMO;
3. Clique, então, com o botão direito sobre o domínio e escolha a opção Operations Masters;
4. Na janela que se abre, poderá então alterar onde residem as regras **RID, PDC** e **Infrastructure Masters.**

Para transferir as Regras a nível de Floresta precisaremos utilizar a ferramenta administrativa **Active Directory Domain and Trusts** para a regra **Domain Naming Master** e o snap-in **Active Directory Schema,** para a regra **Schema Master**.

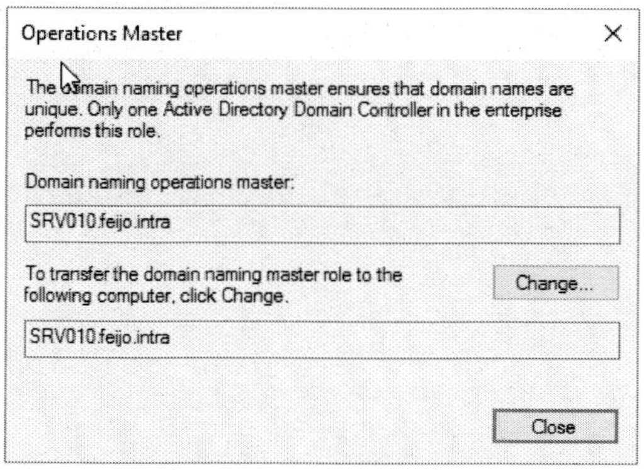

1. Abra o **Active Directory Domain and Trusts;**
2. Com o botão direito clique em **Active Directory Domain and Trusts** e escolha a opção **Operations** Máster;
3. A janela **Change Operations Master,** será mostrada, clique então no botão **Change** para executar a transferência da regra para o **Controlador de Domínio** indicado.

Para transferir a regra Schema Master, iremos utilizar o **snap-in Active Directory Schema,** que não vem registrada por padrão, sendo necessário o registro da "dll" **Schmmgmt,** para que a ferramenta fique disponível.

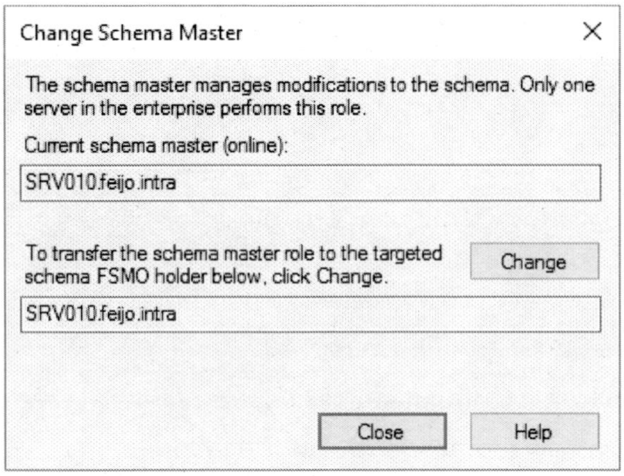

1. No executar, do menu iniciar, digite **regsvr32 schmmgmt.dll**
2. Através da caixa executar, chame o utilitário **mmc**
3. Na console do **mmc,** acesse **File** e depois **Add/Remove Snap-in**
4. Depois clique em **Add** e procure pela **Active Directory Schema**
5. Quando abrir o console da ferramenta, clique com o botão direito em cima **Active Directory Schema** e escolha a opção **Change Domain Controller**, para direcionar para o **Controlador de Domínio que irá hospedar a regra Schame Master**;
6. Feito isso, clicar novamente com o botão direito em **Active Directory Schema (Nome do Servidor**), e clicar em **Operations Master.**
7. Nova janela será apresentada, mostrando o controlador de domínio que possui atualmente a função de **Schema Master** e o controlador de Domínio para onde a Função **Schema Master** será transferida. Tecle então no botão **Change** para realizar a transferência.

4.1.5.2 Via Ntdsutil

É possível realizar as transferências das regras FSMO, também através do utilitário **Ntdsultil.**

1. Acesse o utilitário **Ntdsutil**, digitando Ntdsultil na caixa executar;
2. Ao abrir o console do **Ntdsulti**, digite **roles** e tecle Enter;
3. Depois digite **connections**, e clique em Enter;
4. Em seguida, digite **connect to server servername** (Servername é o nome do Controlador de Domínio para onde as regras FSMO serão transferidas);
5. Digite então **quit**, para voltar ao nível anterior;
6. No Prompt **fsmo maintenance** é possível executar a transferência de qualquer uma das cinco regras **FSMO**, utilizando-se as seguintes syntax:
   - transfer domain naming lexib
   - transfer infrastructure lexib
   - transfer PDC
   - transfer RID master
   - transfer schema master

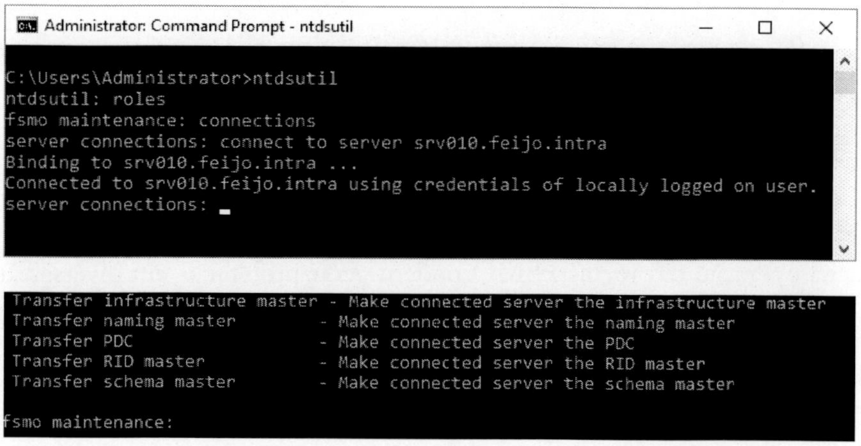

Fig. 15 – Usando o Utilitário ntdsutil para transferir as FSMO

4.1.6 Tomando o controle (Seize) das FSMO

Numa situação onde o Controlador de Domínio que hospedava uma ou todas as regras FSMO está off-line, será necessário utilizar o comando **SEIZE** para atribuir as regras para um novo Controlador de Domínio.

1. Acesse o utilitário **Ntdsutil**, digitando Ntdsultil na caixa executar;
2. Ao abrir o console do **Ntdsulti**, digite **roles** e tecle Enter;
3. Depois digite **connections** e tecle Enter;
4. Em seguida, digite **connect to server servername** (Servername é o nome do Controlador de Domínio onde as regras FSMO serão hospedadas);
5. Digite então **quit**, para voltar ao nível anterior;
6. No Prompt **fsmo maintenance**, é possível executar o comando **SEIZE** para qualquer uma das cinco regras **FSMO**, utilizando-se as seguintes syntax:

- seize domain naming lexib
- seize infrastructure lexib
- seize PDC
- seize RID master
- seize schema master

O comando **SEIZE** desencadeia um processo onde primeiro é feita a tentativa de realizar a transferência segura da regra. Ao não conseguir, pois, o Controlador de Domínio "dono" da regra está off-line, é forçada a captura da regra, que se concluir**á** mesmo depois de apresentada uma mensagem de erro.

Cuidado! *Não utilize o comando **SEIZE** para atribuir as regras **FSMO** a um determinado Controlador de Domínio, caso o Controlador de Domínio, onde as regras estejam hospedadas, se encontre em operação normal na rede. Pois esse* *procedimento poderá resultar em uma situação na qual dois Controladores de Domínio funcionariam como o proprietário da regra, o que poderia causar conflitos irreconciliáveis para os dados do sistema.*

4.1.7 Problemas relacionados às regras FSMO

Os efeitos de falhas na operação das regras FSMO podem gerar problemas em diversas atividades dentro da infraestrutura de rede. Veja algumas ocorrências que podem ter sua causa originada de falhas na operação das regras FSMO:

• **<u>Não é possível mudar senhas</u>** **Falha: PDC Emulator** **O PDC Emulator é a regra FSMO envolvida no processo de alteração de senhas**	• **<u>Usuários não conseguem fazer Logon</u>** **Falha: PDC Emulator** **Falha na autenticação Kerberos, em função de falta de sincronização do relógio do sistema, atividade em que o PDC Emulator está envolvido**
• **<u>Não é possível criar novos usuários ou grupos</u>** **Falha: RID Master** **É preciso a precisa do RID Master para distribuir novos pools de SID**	• **<u>Problemas com membros de Grupos Universais</u>** **Falha: Infrastructure Master** **O Infrastructure Master é responsável por atualizar o "Display name" dos membros dos Grupos**
• **<u>Não é possível adicionar ou remover um domínio</u>** **Falha: Domain Naming Master** **A regra Domain Naming Máster é necessária para se completar esta tarefa.**	• **<u>Não é possível elevar o nível funcional de uma floresta</u>** **Falha: Schema Master** **A regra Schema Master é necessária para se completar esta tarefa.**

4.1.8 Melhores Práticas

Pelo grau de importância das regras FSMO dentro da infraestrutura de rede, é conveniente adotar algumas práticas que visam melhorar o desempenho e dar mais estabilidade, levando em conta a complexidade do ambiente:

1. Periodicamente verifique se todas as FSMO estão funcionando corretamente e disponíveis;
2. Infrastructure Master não deve estar em um Controlador de Domínio que também é Global Catalog;
3. Schema Master e Domain Naming Master podem estar no mesmo Controlador de Domínio, que deve ser também um Global Catalog;
4. PDC Emulator e RID Master devem estar no mesmo Controlador de Domínio, pois o PDC Emulator é um grande consumidor de RIDs.

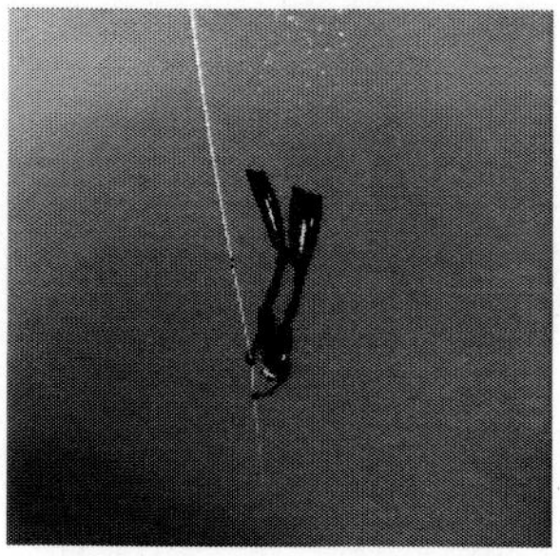

Capítulo 5

Implementando o *Active Directory*

Como vimos, em detalhes, no capítulo 3, a partir do Windows Server 2012, a Microsoft disponibilizou recursos para que os administradores do *Active Directory* pudessem implantar com facilidade e segurança, clones (réplicas) de controladores de domínio, a partir da cópia de um controlador de domínio virtual existente.

5.1 Clonando um Controlador de Domínio

É importante revermos os requisitos para utilizarmos a clonagem:

- A plataforma de virtualização deve suportar o **VM-GenerationID**. O Hyper-V versão 3 no Windows Server 2012 e o vSphare 5.1, são exemplos de hypervisores com suporte a esse recurso.
- O Controlador de domínio virtual de origem deve estar executando o **Windows Server 2012** ou superior.
- O detentor da função FSMO, **PDC Emulator** (emulador PDC) deve estar online, disponível para o Controlador de domínio clonado e deve estar executando o Windows Server 2012 ou superior.

5.1.1 Iniciando a instalação

5.1.1.1 Conceder ao controlador de domínio virtualizado de origem a permissão para ser clonado

Precisamos conceder ao controlador de domínio de origem (NTI-DC2, hospedado no host HOST-01) a permissão para ser clonado, adicionando-o ao grupo **Cloneable Domain Controllers,** podemos fazer via PowerShell:

```
Add-ADGroupMember -Identity "CN=Cloneable Domain Controllers,CN=Users,
DC=feijo,DC=intra" -Member "CN=NTI-DC2,OU=Domain
Controllers,DC=feijo,DC=intra"
```

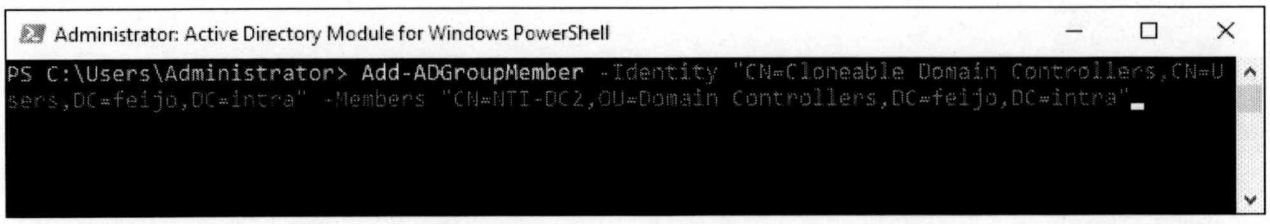

5.1.1.2 Executar o cmdlet Get-ADDCCloningExcludedApplicationList

Precisamos executar o cmdlet **Get-ADDCCloningExcludedApplicationList** no NTI-DC2 para identificar quaisquer programas ou serviços que não sejam avaliados para clonagem. Revise a saída e assegure-se de que você não tenha nenhum aplicativo, função ou serviço que precise ser removido.

Por exemplo, as seguintes funções de servidor que não são suportados para clonagem:

1. Serviços de Certificados do *Active Directory* (AD CS)
2. Serviços de Diretório Leve do *Active Directory* (AD LDS)

5.1.1.3 Executar New-ADDCCloneConfigFile

Ainda no NTI-DC2, executaremos **New-ADDCCloneConfigFile**, especificando as definições de configuração para o controlador de domínio clone, como o nome, o endereço IP e o resolvedor de DNS.

Para criar um controlador de domínio clone denominado **NTI-CL-01** com configurações Ipv4 dinâmicas, digite:

New-ADDCCloneConfigFile–CloneComputerName"NTI-CL-01"**–Ipv4DNSResolver** "192.168.1.210"

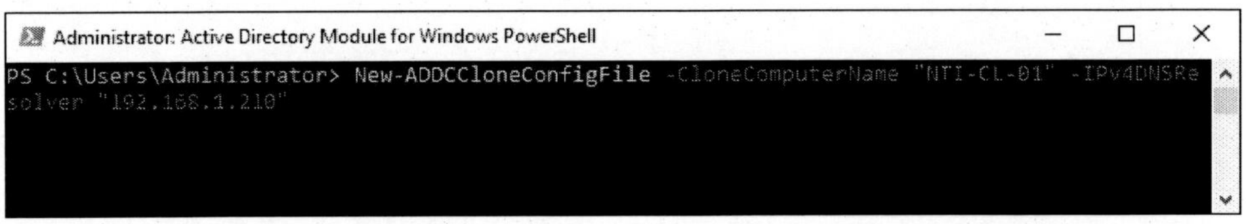

A saída confirmará que todas as verificações preliminares de validação foram aprovadas e criará o arquivo de configuração do clone, por padrão na pasta **c:\windows\NTDS**, conforme mostrado na captura de tela abaixo.

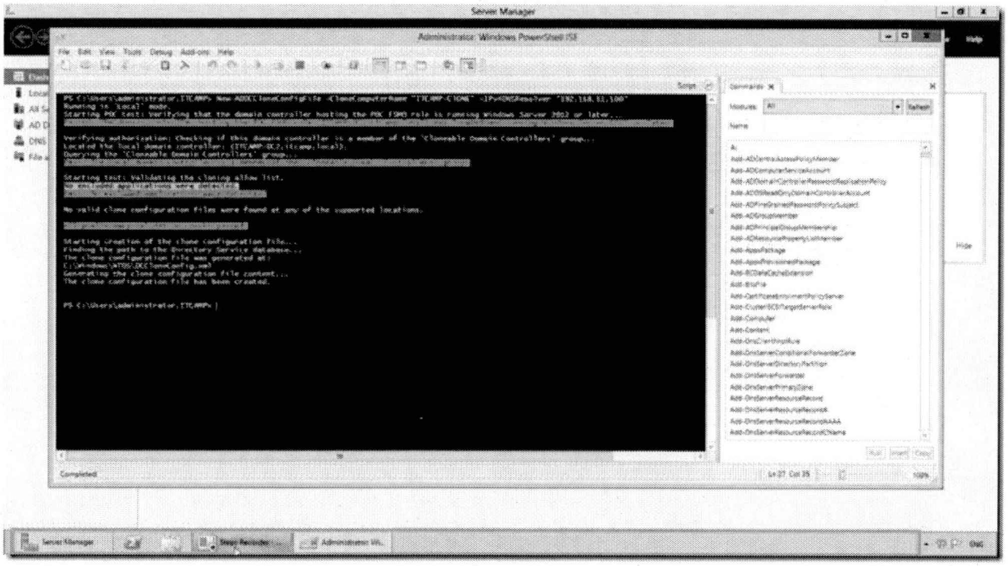

5.1.1.4 Nessa etapa, precisamos exportar e importar a máquina virtual do controlador de domínio de origem (NTI-DC2)

Em seguida, precisamos exportar o NTI-DC2, do Host HOST-01, e exibi-lo no host HOST-10 do hypervisor, em uso. Isso criará um controlador de domínio virtualizado clone no domínio. Segue a sequência:

a. Desligue o NTI-DC2

a. Vamos exportar o NTI-DC2, para uma pasta que os hosts envolvidos tenham acesso (HOST-01 e HOST-10). Por exemplo, exportando para a pasta c:\VMExport, no HOST-01 e, em seguida, copiado para a pasta c:\VMImport, localizada no host HOST-10.

a. No HOST-10, usando o gerenciador do Hypervisor, importe a máquina virtual da pasta c:\VMImport\NTI-DC2.

a. No HOST-01, reinicie o controlador de domínio de origem (NTI-DC2) para que ele volte online.

b. No HOST-10, inicie a máquina virtual (**NTI-CL-01**) para exibi-la on-line como um controlador de domínio clone no domínio.

Como ação a ser realizada, considerada uma prática recomendada, é retirar do grupo **Cloneable Domain Controllers,** os controladores de domínio de origem (NTI-DC2) e o controlador de domínio clone (NTI-CL-01).

Capítulo 6

Administrando e Gerenciando o *Active Directory*

A Microsoft disponibiliza atualmente no *Active Directory* duas soluções para implantar os requisitos para senhas de usuários do domínio. A primeira está disponível desde a primeira versão do *Active Directory*, no Windows Server 2000, trata-se da **Password Policy**, normalmente configurada dentro da Default Domain Policy (Política Padrão do Dominio), que limita a criação de uma única diretiva de senha por domínio, assunto que detalhadamente **já estudamos no capítulo 8, do volume 1.**

A segunda solução foi apresentada no Windows Server 2008, a **Fine-Grained Password Policy – FGPP** (Política de senha refinada), que permite aos administradores do *Active Directory* configurar várias políticas de senha e bloqueio de conta por domínio.

6.1 Fine-Grained Password Policy (Política de senha refinada)

A possibilidade de associar a política de senha a usuários e grupos diretamente, estabelece um maior nível de flexibilidade de administração. Inicialmente a FGPP não possuía uma interface gerencial e exigia que os administradores utilizassem ferramentas como o Adsiedit.msc. O Windows Server 2008 R2 introduziu o módulo do *Active Directory* para o Windows PowerShell, que concedeu aos administradores uma interface de linha de comando para o FGPP.

O Windows Server 2012 trouxe uma interface gráfica para a FGPP, localizada no Centro Administrativo do *Active Directory*, fornecendo gerenciamento simplificado do FGPP a todos os administradores.

A flexibilidade proporcionada pelas FGPP vem da possibilidade de podermos aplicar configurações mais restritas a contas com privilégios, como contas de administrador, e aplicar configurações menos rígidas às contas de outros usuários. Além disso, contas especiais como contas de serviços podem ter um tratamento totalmente independente, em relação **à** política de senha, das demais contas do domínio.

É através dos Password Settings Objects – PSOs (Objetos de Configurações de Senha), que aplicamos as FGPPs no ambiente. Objetos de configurações de senha (PSOs) possuem as mesmas configurações de senha da diretiva de senha em um GPO. Essas configurações incluem:

1. Enforce password history
2. Maximum password age
3. Minimum password age
4. Maximum password length
5. Password must meet complexty requirements
6. Store passwords using reverible encryption

Além das características de link do PSO e Prioridade.
Os PSOs não podem ser vinculados a uma OU, apenas a usuários ou grupos.

Ainda explorando o pilar da flexibilidade das FGPP, podemos ter mais de uma política de senha para usuários dentro do mesmo domínio. Para segmentar quais usuários recebem o FGPP apropriado, o atributo **msDS--PSOAppliesTo** do objeto FGPP recém-criado precisa ser configurado com os grupos apropriados.

Percebemos que as duas soluções de políticas de senhas, se complementam, no sentido de que se um determinado usuário não tenha nenhuma FGPP associada, este receberá **a diretiva de senha implantada por meio do GPO vinculado ao domínio.**

Outro aspecto é que cada FGPP tem uma configuração de prioridade, isso significa que se um usuário for membro de mais de um grupo listado como o atributo **msDS-PSOAppliesTo** nos FGPPs, o usuário receberá apenas as configurações de senha contidas no FGPP de prioridade mais alta. O valor de prioridade de uma política deve ser um valor inteiro de 1 ou superior.

6.1.1 Aplicando PSOs

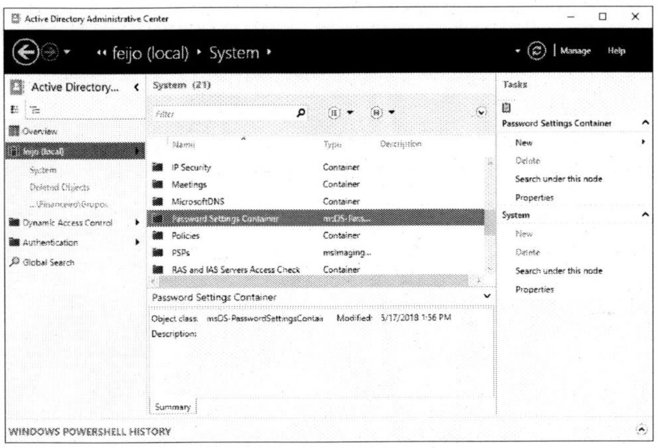

1. Acesse o Centro administrativo do *Active Directory*. Selecione o domínio (feijo.intra) e clique duas vezes no sistema para abri-lo. Em seguida, clique no contêiner de configurações de senha para abri-lo.

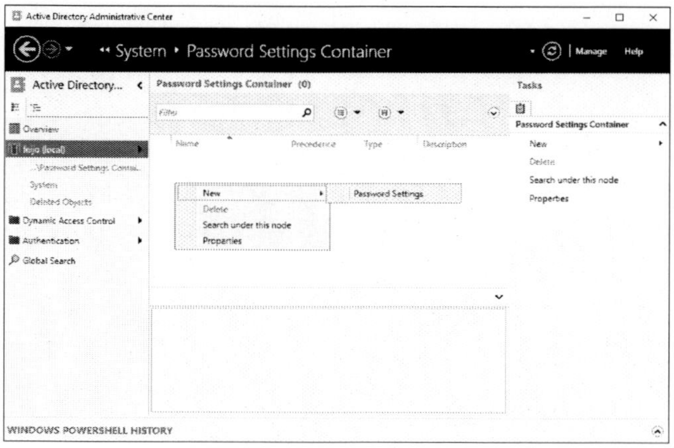

2. Clique com o botão direito do mouse na página principal do contêiner de configurações de senha e clique em **New**, em seguida, clique em **Password Settings** (Configurações da senha).

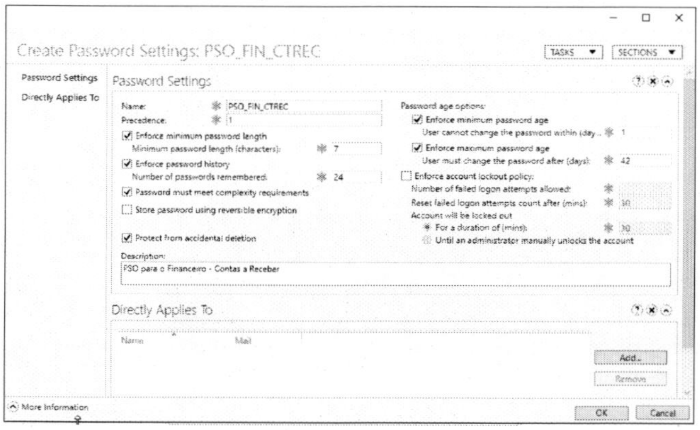

3. Defina as configurações de senha:

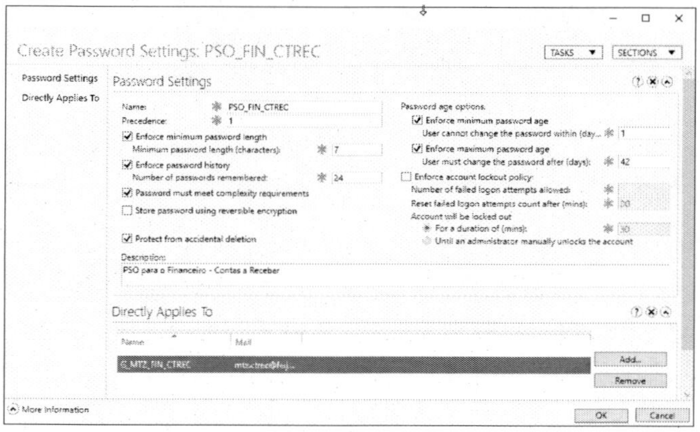

4. Em **Directly Applies To,** adicionaremos os grupos para os quais queremos associar esta PSO

Também podemos aplicar uma PSO, via PowerShell. Veja como ficaria a criação de uma PSO, com as definições abaixo:

a. Nome do PSO: PSO_FIN_CTPAG
b. Complexidade: ativada
c. Duração do bloqueio: 30 minutos
d. Janelas de Observação de Bloqueio: 30 Minutos
e. Limite de Bloqueio: 0 Minutos
f. MaxPasswordAge: 42 dias
g. Idade mínima da senha: 1 dia
h. MinPasswordLength: 7 caracteres
i. PasswordHistoryCount: 24 senhas lembradas que você não pode usar
j. ProtectedFromAccidentalDeletion: Yes (evita a exclusão acidental)
k. Security Principal Aplicado a: AD Group chamado "G_MTZ_FIN_CTPAG_01"

Criando a PSO:

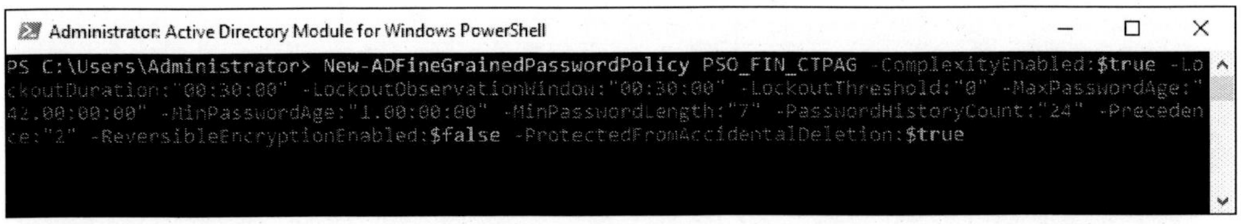

Associando a PSO a um Grupo:

Visualizando a PSO criada no Centro Administrativo do *Active Directory*:

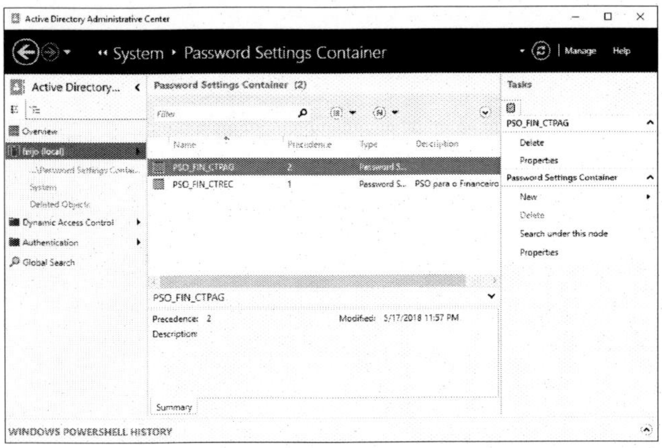

6.1.2 Visualizando as configurações de senha resultantes para um usuário

Podemos utilizar o ADAC para exibir as configurações de senha resultantes para usuários em um domínio.

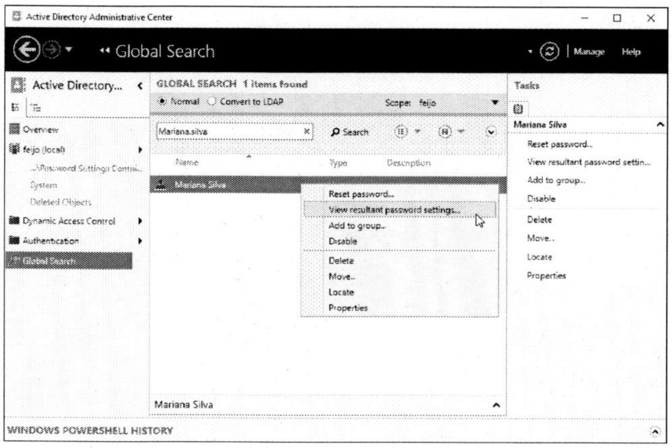

Para exibir as configurações de senha resultantes para um usuário específico, primeiro é necessário localizar o usuário no ADAC, usando o painel de navegação ou usando o bloco **Global Search** (Pesquisa Global). Em seguida, clique com o botão direito do mouse na conta do usuário e selecione **View resultant password settings** (Visualizar configurações de senha resultantes), conforme mostrado na figura abaixo:

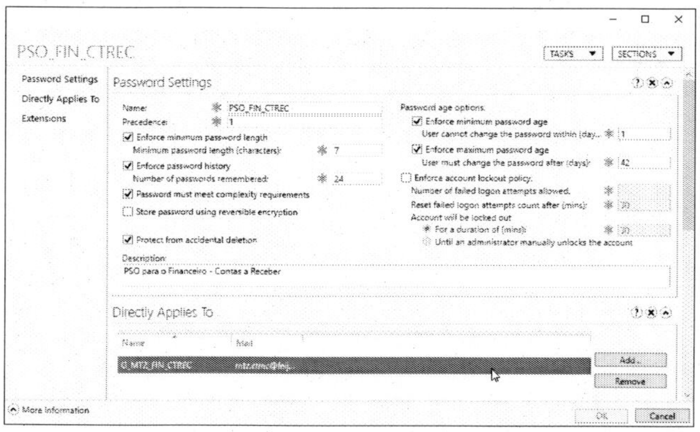

A política de senha refinada exibida é aquela que se aplica ao usuário que possui o menor valor de precedência.

6.1.3 Windows PowerShell History Viewer (Visualizador de Histórico do Windows PowerShell)

O Centro Administrativo do *Active Directory* implementou, na versão do Windows Server 2012, uma interface administrativa gráfica para o módulo do *Active Directory* para Windows PowerShell.

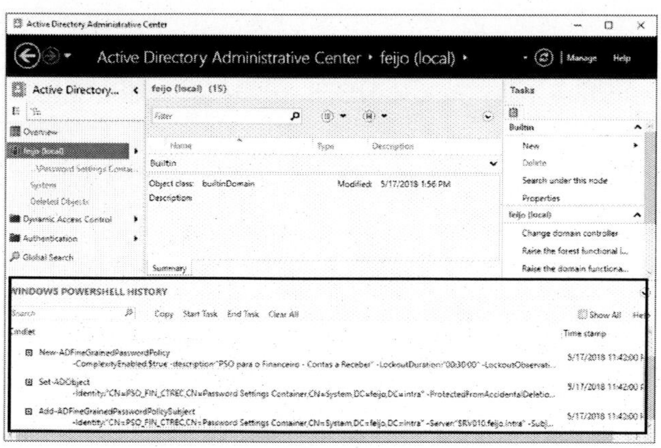

Este visualizador, do Windows PowerShell, permite ver a execução do cmdlet na interface gráfica, podemos ainda executar ações, como fazer pesquisar, copiar, limpar histórico e adicionar notas com uma interface simples. A intenção é impulsionar, por parte dos administradores do *Active Directory*, a utilização do PowerShell na administração, na medida que é possível via interface gráfica, criar, revisar e modificar objetos.

Dentro do Centro Administrativo do *Active Directory*, expanda o painel **Windows PowerShell History** (História do Windows PowerShell) na parte inferior da tela, tendo acesso, assim, ao ambiente que fornece o histórico completo de todos os cmdlets do Windows PowerShell, que foram executados e seus argumentos e valores.

6.2 Módulo do PowerShell do *Active Directory*

Lançado como PowerShell 1.0 em novembro de 2006, a Microsoft tem trabalhado forte para tornar o Windows PowerShell a plataforma de automação preferida do Windows. Sua eficiência foi comprovada, ao longo dos anos, em muitos cenários com várias tecnologias do Windows. Entretanto, no que diz respeito do suporte ao serviço de diretório, o início do PowerShell 1 não trouxe muitas alegrias aos administradores do *Active Directory*.

Através de várias revisões, o PowerShell adicionou módulos para estender a funcionalidade a novos objetos, além de apresentar novos cmdlets para gerenciar mais recursos, incluindo o *Active Directory*.

Essa evolução, para o *Active Directory*, começou no Windows Server 2008 R2, com a inclusão do módulo do *Active Directory* para o Windows PowerShell. Este módulo é usado pelo PowerShell para estender os recursos de gerenciamento aos objetos do *Active Directory*, incluindo computadores, usuários e grupos, além dos atributos armazenados nas contas. O conjunto de cmdlets, incluido no módulo, simplificam bastante as tarefas que antes exigiam a utilização de várias linhas de código envolvendo o ADSI.

Podemos comprovar esta evolução do PowerShell no *Active Directory*, ao analisarmos o número de cmdlets, disponibilizados em cada versão do Windows Server:

Versão do Windows Server	Número de Cmdlets do módulo AD do PowerShell
Windows Server 2008 R2	76 cmdlets
Windows Server 2012	135 cmdlets
Windows Server 2012 R2	147 cmdlets
Windows Server 2016	147 cmdlets

Active Directory Module para Windows PowerShell, disponibilizado com o Windows Server 2008, traz uma exigência importante, para que se possa utilizá-lo, que é de termos pelo menos um controlador de domínio, no domínio, executando o ADWS (Serviços Web da Web do *Active Directory*). O Serviço Web do *Active Directory* (ADWS) é um serviço do Windows, assim como o módulo PowerShell do AD, também introduzido no Windows 2008 R2 que permite o gerenciamento remoto de qualquer instância de serviço de diretório local.

O serviço Web do *Active Directory* é instalado automaticamente junto com o papel AD DS, e também é configurado para ser executado assim que uma instância do diretório é promovida, sendo utilizado tanto pelo módulo PowerShell do *Active Directory*, quanto pelo Centro Administrativo do *Active Directory* – ADAC, para gerenciar e administrar o servidor e serviço de diretório.

Ao instalar um controlador de domínio com Windows Server 2008 R2 adicionando a função Serviços de Domínio *Active Directory* no Gerenciador de Servidores, o módulo *Active Directory PowerShell* será instalado por padrão.

Depois que o módulo for instalado, podemos acessá-lo clicando no item *Active Directory Module* para Windows PowerShell localizado no grupo de programas Ferramentas Administrativas ou adicioná-lo facilmente à sessão existente do PowerShell digitando:

Import-module ActiveDirectory

6.2.1 Usando os Cmdlets

Vamos começar examinando duas listas de cmdlets do módulo *Active Directory*, a primeira com 76 cmdlets disponibilizados no Windows Server 2008 R2 e a segunda de 147 cmdlets presentes no Windows Server 2016 / 2019. Para listar todos os cmdlets relacionados ao *Active Directory* expostos pelo módulo do PowerShell, digite o comando:

get-command –module ActiveDirectory

Isso retornará uma lista com os nomes de cmdlets que fazem parte do módulo.

6.2.1.1 Lista de cmdlet do *Active Directory* PowerShell no Windows Server 2008 R2:

	Cmdlet	Descrição
1	Disable-ADAccount	Desativa uma conta do *Active Directory.*
2	Enable-ADAccount	Ativa uma conta do *Active Directory.*
3	Search-ADAccount	Obtém contas de usuário, computador e serviço do *Active Directory.*
4	Unlock-ADAccount	Desbloqueia uma conta do *Active Directory.*
5	Get-ADAccountAuthorization-Group	Obtém os grupos de segurança do *Active Directory* que contêm uma conta.
6	Set-ADAccountControl	Modifica os valores de controle de conta de usuário (UAC) para uma conta do *Active Directory.*
7	Clear-ADAccountExpiration	Limpa a data de expiração de uma conta do *Active Directory.*
8	Set-ADAccountExpiration	Define a data de expiração de uma conta do *Active Directory.*
9	Set-ADAccountPassword	Modifica a senha de uma conta do *Active Directory.*
10	Get-ADAccountResultantPassword-dReplicationPolicy	Obtém a diretiva de replicação de senha resultante para uma conta do *Active Directory.*
11	Get-ADComputer	Obtém um ou mais computadores do *Active Directory.*
12	New-ADComputer	Cria um novo computador do *Active Directory.*

13	Remove-ADComputer	Remove um computador do *Active Directory*.
14	Set-ADComputer	Modifica um computador do *Active Directory*.
15	Add-ADComputerServiceAccount	Adiciona uma ou mais contas de serviço a um computador do *Active Directory*.
16	Get-ADComputerServiceAccount	Obtém as contas de serviço que são hospedadas por um computador do *Active Directory*.
17	Remove-ADComputerServiceAccount	Remove uma ou mais contas de serviço de um computador.
18	Get-ADDefaultDomainPasswordPolicy	Obtém a diretiva de senha padrão para um domínio do *Active Directory*.
19	Set-ADDefaultDomainPasswordPolicy	Modifica a política de senha padrão para um domínio do *Active Directory*.
20	Move-ADDirectoryServer	Move um controlador de domínio no AD DS para um novo site.
21	Move-ADDirectoryServerOperationMasterRole	Move as funções de mestre de operações (também conhecidas como operações de mestre único, flexíveis ou FSMO) para um controlador de domínio do *Active Directory*.
22	Get-ADDomain	Obtém um domínio do *Active Directory*.
23	Set-ADDomain	Modifica um domínio do *Active Directory*.
24	Get-ADDomainController	Obtém um ou mais controladores de domínio do *Active Directory*, com base em critérios de serviços detectáveis, parâmetros de pesquisa ou fornecendo um identificador de controlador de domínio, como o nome NetBIOS.
25	Add-ADDomainControllerPasswordReplicationPolicy	Adiciona usuários, computadores e grupos à Lista Permitida ou à Lista Negada da PRP (Política de Replicação de Senha) do controlador de domínio somente leitura (RODC).
26	Get-ADDomainControllerPasswordReplicationPolicy	Obtém os membros da Lista Permitida ou a Lista Negada do RODC PRP
27	Remove-ADDomainControllerPasswordReplicationPolicy	Remove usuários, computadores e grupos da Lista Permitida ou da Lista Negada do RODC PRP.
28	Get-ADDomainControllerPasswordReplicationPolicyUsage	Obtém a política de senha resultante da ADAccount especificada no RODC especificado.
29	Set-ADDomainMode	Define o nível funcional do domínio para um domínio do *Active Directory*.
30	Get-ADFineGrainedPasswordPolicy	Obtém uma ou mais diretivas de senha refinadas do *Active Directory*.
31	New-ADFineGrainedPasswordPolicy	Cria uma nova diretiva de senha refinada do *Active Directory*.

32	Remove-ADFineGrainedPasswor-dPolicy	Remove uma diretiva de senha refinada do *Active Directory*.
33	Set-ADFineGrainedPasswordPolicy	Modifica uma política de senha refinada do *Active Directory*.
34	Add-ADFineGrainedPasswordPo-licySubject	Aplica uma política de senha refinada para mais usuários e grupos.
35	Get-ADFineGrainedPasswordPo-licySubject	Obtém os usuários e grupos aos quais uma diretiva de senha refinada é aplicada.
36	Remove-ADFineGrainedPassword-PolicySubject	Remove um ou mais usuários de uma política de senha refi-nada.
37	Get-ADForest	Obtém uma floresta do *Active Directory*.
38	Set-ADForest	Modifica uma floresta do *Active Directory*.
39	Set-ADForestMode	Define o modo de floresta para uma floresta do *Active Direc-tory*.
40	Get-ADGroup	Obtém um ou mais grupos do *Active Directory*.
41	New-ADGroup	Cria um grupo do *Active Directory*.
42	Remove-ADGroup	Remove um grupo do *Active Directory*.
43	Set-ADGroup	Modifica um grupo do *Active Directory*.
44	Add-ADGroupMember	Adiciona um ou mais membros a um grupo do *Active Direc-tory*.
45	Get-ADGroupMember	Obtém os membros de um grupo do *Active Directory*.
46	Remove-ADGroupMember	Remove um ou mais membros de um grupo do *Active Direc-tory*.
47	Get-ADObject	Obtém um ou mais objetos do *Active Directory*.
48	Move-ADObject	Move um objeto do *Active Directory* ou um contêiner de objetos para um contêiner ou domínio diferente.
49	New-ADObject	Cria um objeto do *Active Directory*.
50	Remove-ADObject	Remove um objeto do *Active Directory*.
51	Rename-ADObject	Altera o nome de um objeto do *Active Directory*.
52	Restore-ADObject	Restaura um objeto do *Active Directory*.
53	Set-ADObject	Modifica um objeto do *Active Directory*.
54	Disable-ADOptionalFeature	Desativa um recurso opcional do *Active Directory*.
55	Enable-ADOptionalFeature	Ativa um recurso opcional do *Active Directory*.
56	Get-ADOptionalFeature	Obtém um ou mais recursos opcionais do *Active Directory*.
57	Get-ADOrganizationalUnit	Obtém uma ou mais Uos do *Active Directory*.
58	New-ADOrganizationalUnit	Cria uma nova OU do *Active Directory*.
59	Remove-ADOrganizationalUnit	Remove uma UO do *Active Directory*.

60	Set-ADOrganizationalUnit	Modifica uma UO do *Active Directory*.
61	Add-ADPrincipalGroupMember-ship	Adiciona um membro a um ou mais grupos do Active Directory.
62	Get-ADPrincipalGroupMember-ship	Obtém os grupos do *Active Directory* que possuem um usuário, computador ou grupo especificado.
63	Remove-ADPrincipalGroupMem-bership	Remove um membro de um ou mais grupos do *Active Directory*.
64	Get-ADRootDSE	Obtém a raiz de uma árvore de informações do controlador de domínio.
65	Get-ADServiceAccount	Obtém uma ou mais contas de serviço do *Active Directory*.
66	Install-ADServiceAccount	Instala uma conta de serviço do *Active Directory* em um computador.
67	New-ADServiceAccount	Cria uma nova conta de serviço do *Active Directory*.
68	Remove-ADServiceAccount	Remove uma conta de serviço do *Active Directory*.
69	Set-ADServiceAccount	Modifica uma conta de serviço do *Active Directory*.
70	Uninstall-ADServiceAccount	Desinstala uma conta de serviço do *Active Directory* de um computador.
71	Reset-ADServiceAccountPassword	Redefine a senha da conta de serviço de um computador.
72	Get-ADUser	Obtém um ou mais usuários do *Active Directory*.
73	New-ADUser	Cria um novo usuário do *Active Directory*.
74	Remove-ADUser	Remove um usuário do *Active Directory*.
75	Set-ADUser	Modifica um usuário do *Active Directory*.
76	Get-ADUserResultantPasswordPo-licy	Obtém a política de senha resultante para um usuário.

6.2.1.2 Lista de cmdlet do Activve directory PowerShell no Windows Server 2016 /2019:

	Cmdlet	Descrição
1	Add-ADCentralAccessPolicyMember	Adiciona regras de acesso central a uma diretiva de acesso central no *Active Directory*.
2	Add-ADComputerServiceAccount	Adiciona uma ou mais contas de serviço a um computador do *Active Directory*.
3	Add-ADDomainControllerPassword ReplicationPolicy	Adiciona usuários, computadores e grupos à lista permitida ou negada de uma política de replicação de senha do controlador de domínio somente leitura.
4	Add-ADFineGrainedPasswordPo-licySubject	Aplica uma política de senha refinada a um ou mais usuários e grupos.

5	Add-ADGroupMember	Adiciona um ou mais membros a um grupo do *Active Directory*.
6	Add-ADPrincipalGroupMembership	Adiciona um membro a um ou mais grupos do *Active Directory*.
7	Add-ADResourcePropertyListMember	Adiciona uma ou mais propriedades de recurso a uma lista de propriedades de recursos no *Active Directory*.
8	Clear-ADAccountExpiration	Limpa a data de expiração de uma conta do *Active Directory*.
9	Clear-ADClaimTransformLink	Remove uma transformação de declarações de ser aplicada a uma ou mais relações de confiança entre florestas no *Active Directory*.
10	Disable-ADAccount	Desativa uma conta do *Active Directory*.
11	Disable-ADOptionalFeature	Desativa um recurso opcional do *Active Directory*.
12	Enable-ADAccount	Ativa uma conta do *Active Directory*.
13	Enable-ADOptionalFeature	Ativa um recurso opcional do *Active Directory*.
14	Get-ADAccountAuthorizationGroup	Obtém as informações do grupo de tokens de contas.
15	Get-ADAccountResultantPassword ReplicationPolicy	Obtém a diretiva de replicação de senha resultante para uma conta do *Active Directory*.
16	Get-ADAuthenticationPolicy	Obtém uma ou mais diretivas de autenticação dos Serviços de Domínio *Active Directory*.
17	Get-ADAuthenticationPolicySilo	Obtém um ou mais silos de política de autenticação dos Serviços de Domínio *Active Directory*.
18	Get-ADCentralAccessPolicy	Recupera as políticas de acesso central do *Active Directory*.
19	Get-ADCentralAccessRule	Recupera regras de acesso central do *Active Directory*.
20	Get-ADClaimTransformPolicy	Retorna um ou mais objetos de transformação de declaração do *Active Directory* com base em um filtro especificado.
21	Get-ADClaimType	Retorna um tipo de declaração do *Active Directory*.
22	Get-ADComputer	Obtém um ou mais computadores do *Active Directory*.
23	Get-ADComputerServiceAccount	Obtém as contas de serviço hospedadas por um computador.
24	Get-ADDCCloningExcludedApplicationList	Obtém uma lista de programas instalados e serviços presentes neste controlador de domínio que não estão na lista de inclusão padrão ou definida pelo usuário.
25	Get-ADDefaultDomainPasswordPolicy	Obtém a diretiva de senha padrão para um domínio do *Active Directory*.
26	Get-ADDomain	Obtém um domínio do *Active Directory*.

27	Get-ADDomainController	Obtém um ou mais controladores de domínio do *Active Directory* com base em critérios de serviços detectáveis, parâmetros de pesquisa ou fornecendo um identificador de controlador de domínio, como o nome NetBIOS.
28	Get-ADDomainControllerPassword ReplicationPolicy	Obtém os membros da lista permitida ou a lista negada de uma política de replicação de senha do controlador de domínio somente leitura.
29	Get-ADDomainControllerPassword ReplicationPolicyUsage	Obtém as contas do *Active Directory* que são autenticadas por um controlador de domínio somente leitura ou que estão na lista revelada do controlador de domínio.
30	Get-ADFineGrainedPasswordPolicy	Obtém uma ou mais diretivas de senha refinadas do *Active Directory*.
31	Get-ADFineGrainedPasswordPolicy-Subject	Obtém os usuários e grupos aos quais uma diretiva de senha refinada é aplicada.
32	Get-ADForest	Obtém uma floresta do *Active Directory*.
33	Get-ADGroup	Obtém um ou mais grupos do *Active Directory*.
34	Get-ADGroupMember	Obtém os membros de um grupo do *Active Directory*.
35	Get-ADObject	Obtém um ou mais objetos do *Active Directory*.
36	Get-ADOptionalFeature	Obtém um ou mais recursos opcionais do *Active Directory*.
37	Get-ADOrganizationalUnit	Obtém uma ou mais unidades organizacionais do *Active Directory*.
38	Get-ADPrincipalGroupMembership	Obtém os grupos do *Active Directory* que possuem uma conta de usuário, computador, grupo ou serviço especificado.
39	Get-ADReplicationAttributeMetadata	Obtém os metadados de replicação para um ou mais parceiros de replicação do *Active Directory*.
40	Get-ADReplicationConnection	Retorna uma conexão de replicação do *Active Directory* específica ou um conjunto de objetos de conexão de replicação do AD com base em um filtro especificado.
41	Get-ADReplicationFailure	Retorna uma coleção de dados que descrevem uma falha de replicação do *Active Directory*.
42	Get-ADReplicationPartnerMetadata	Retorna os metadados de replicação para um conjunto de um ou mais parceiros de replicação.
43	Get-ADReplicationQueueOperation	Retorna o conteúdo da fila de replicação para um servidor especificado.
44	Get-ADReplicationSite	Retorna um site específico de replicação do *Active Directory* ou um conjunto de objetos do site de replicação com base em um filtro especificado.

45	Get-ADReplicationSiteLink	Retorna um link específico do site *do Active Directory* ou um conjunto de links de sites com base em um filtro especificado.
46	Get-ADReplicationSiteLinkBridge	Obtém uma ponte de link de site do *Active Directory* específica ou um conjunto de objetos de ponte de link de site com base em um filtro especificado.
47	Get-ADReplicationSubnet	Obtém uma ou mais sub-redes do *Active Directory.*
48	Get-ADReplicationUpToDateness-VectorTable	Exibe o maior número de atualização (USN) para o controlador de domínio especificado.
49	Get-ADResourceProperty	Obtém uma ou mais propriedades de recurso.
50	Get-ADResourcePropertyList	Obtém listas de propriedades de recursos do *Active Directory.*
51	Get-ADResourcePropertyValueType	Obtém um tipo de valor de propriedade de recurso do *Active Directory.*
52	Get-ADRootDSE	Obtém a raiz de uma árvore de informações do servidor de diretório.
53	Get-ADServiceAccount	Obtém uma ou mais contas de serviço gerenciado do *Active Directory* ou contas de serviço gerenciado do grupo.
54	Get-ADTrust	Obtém todos os objetos de domínio confiáveis no diretório.
55	Get-ADUser	Obtém um ou mais usuários do *Active Directory.*
56	Get-ADUserResultantPasswordPolicy	Obtém a política de senha resultante para um usuário.
57	Grant-ADAuthenticationPolicySilo-Access	Concede permissão para ingressar em um silo de política de autenticação.
58	Install-ADServiceAccount	Instala uma conta de serviço gerenciado do *Active Directory* em um computador ou armazena em cache uma conta de serviço gerenciado em grupo em um computador.
59	Move-ADDirectoryServer	Move um servidor de diretório no *Active Directory* para um novo site
60	Move-ADDirectoryServerOperation-MasterRole	Move as funções do mestre de operações para um servidor de diretório do *Active Directory.*
61	Move-ADObject	Move um objeto do *Active Directory* ou um contêiner de objetos para um contêiner ou domínio diferente.
62	New-ADAuthenticationPolicy	Cria um objeto de diretiva de autenticação dos Serviços de Domínio *Active Directory.*
63	New-ADAuthenticationPolicySilo	Cria um objeto de silo de diretiva de autenticação dos Serviços de Domínio *Active Directory.*
64	New-ADCentralAccessPolicy	Cria uma nova política de acesso central no *Active Directory* contendo um conjunto de regras de acesso central.
65	New-ADCentralAccessRule	Cria uma regra de acesso central no *Active Directory.*

66	New-ADClaimTransformPolicy	Cria um novo objeto de diretiva de transformação de declaração no *Active Directory*.
67	New-ADClaimType	Cria um novo tipo de declaração no *Active Directory*.
68	New-ADComputer	Cria um novo objeto de computador do *Active Directory*.
69	New-ADDCCloneConfigFile	Executa verificações de pré-requisitos para clonar um controlador de domínio e gera um arquivo de configuração de clone se todas as verificações forem bem-sucedidas.
70	New-ADFineGrainedPasswordPolicy	Cria uma nova diretiva de senha refinada do *Active Directory*.
71	New-ADGroup	Cria um grupo do *Active Directory*.
72	New-ADObject	Cria um objeto do *Active Directory*.
73	New-ADOrganizationalUnit	Cria uma unidade organizacional do *Active Directory*.
74	New-ADReplicationSite	Cria um site de replicação do *Active Directory* no diretório.
75	New-ADReplicationSiteLink	Cria um novo link de site do *Active Directory* para o gerenciamento da replicação.
76	New-ADReplicationSiteLinkBridge	Cria uma ponte de link de site no *Active Directory* para replicação.
77	New-ADReplicationSubnet	Cria um objeto de sub-rede de replicação do *Active Directory*.
78	New-ADResourceProperty	Cria uma propriedade de recurso no *Active Directory*.
79	New-ADResourcePropertyList	Cria uma lista de propriedades de recursos no *Active Directory*.
80	New-ADServiceAccount	Cria uma nova conta de serviço gerenciado do *Active Directory* ou um objeto de conta de serviço gerenciado de grupo.
81	New-ADUser	Cria um usuário do *Active Directory*.
82	Remove-ADAuthenticationPolicy	Remove um objeto de diretiva de autenticação dos Serviços de Domínio *Active Directory*.
83	Remove-ADAuthenticationPolicySilo	Remove um objeto de silo de diretiva de autenticação dos Serviços de Domínio *Active Directory*.
84	Remove-ADCentralAccessPolicy	Remove uma política de acesso central do *Active Directory*.
85	Remove-ADCentralAccessPolicy-Member	Remove as regras de acesso central de uma política de acesso central no *Active Directory*.
86	Remove-ADCentralAccessRule	Remove uma regra de acesso central do *Active Directory*.
87	Remove-ADClaimTransformPolicy	Remove um objeto de política de transformação de declaração do *Active Directory*.
88	Remove-ADClaimType	Remove um tipo de declaração do *Active Directory*.
89	Remove-ADComputer	Remove um computador do *Active Directory*.

90	Remove-ADComputerServiceAccount	Remove uma ou mais contas de serviço de um computador.
91	Remove-ADDomainControllerPasswordReplicationPolicy	Remove usuários, computadores e grupos da lista permitida ou negada de uma política de replicação de senha do controlador de domínio somente leitura.
92	Remove-ADFineGrainedPasswordPolicy	Remove uma diretiva de senha refinada do *Active Directory*.
93	Remove-ADFineGrainedPasswordPolicySubject	Remove um ou mais usuários de uma política de senha refinada.
94	Remove-ADGroup	Remove um grupo do *Active Directory*.
95	Remove-ADGroupMember	Remove um ou mais membros de um grupo do *Active Directory*.
96	Remove-ADObject	Remove um objeto do *Active Directory*.
97	Remove-ADOrganizationalUnit	Remove uma unidade organizacional do *Active Directory*.
98	Remove-ADPrincipalGroupMembership	Remove um membro de um ou mais grupos do *Active Directory*.
99	Remove-ADReplicationSite	Exclui o objeto de site de replicação especificado do *Active Directory*.
100	Remove-ADReplicationSiteLink	Exclui um link de site do *Active Directory* usado para gerenciar a replicação.
101	Remove-ADReplicationSiteLinkBridge	Exclui uma ponte de link do site de replicação do *Active Directory*.
102	Remove-ADReplicationSubnet	Exclui o objeto de sub-rede de replicação do *Active Directory* especificado do diretório.
103	Remove-ADResourceProperty	Remove uma propriedade de recurso do *Active Directory*.
104	Remove-ADResourcePropertyList	Remove uma ou mais listas de propriedades de recursos do *Active Directory*.
105	Remove-ADResourcePropertyListMember	Remove uma ou mais propriedades de recursos de uma lista de propriedades de recursos no *Active Directory*.
106	Remove-ADServiceAccount	Remove uma conta de serviço gerenciado do *Active Directory* ou um objeto de conta de serviço gerenciado do grupo.
107	Remove-ADUser	Remove um usuário do *Active Directory*.
108	Rename-ADObject	Altera o nome de um objeto do *Active Directory*.
109	Reset-ADServiceAccountPassword	Redefine a senha para uma conta de serviço gerenciada independente.
110	Restore-ADObject	Restaura um objeto do *Active Directory*.
111	Revoke-ADAuthenticationPolicySiloAccess	Revoga a associação em um silo de política de autenticação para a conta especificada.

112	Search-ADAccount	Obtém contas de usuário, computador ou serviço do *Active Directory.*
113	Set-ADAccountAuthenticationPolicySilo	Modifica a política de autenticação ou o silo da política de autenticação de uma conta.
114	Set-ADAccountControl	Modifica os valores de controle de conta de usuário (UAC) para uma conta do *Active Directory.*
115	Set-ADAccountExpiration	Define a data de expiração de uma conta do *Active Directory.*
116	Set-ADAccountPassword	Modifica a senha de uma conta do *Active Directory.*
117	Set-ADAuthenticationPolicy	Modifica um objeto de diretiva de autenticação dos Serviços de Domínio *Active Directory.*
118	Set-ADAuthenticationPolicySilo	Modifica um objeto de silo de política de autenticação dos Serviços de Domínio *Active Directory.*
119	Set-ADCentralAccessPolicy	Modifica uma política de acesso central no *Active Directory.*
120	Set-ADCentralAccessRule	Modifica uma regra de acesso central no *Active Directory.*
121	Set-ADClaimTransformLink	Aplica uma transformação de declarações a um ou mais relacionamentos de confiança entre florestas no *Active Directory.*
122	Set-ADClaimTransformPolicy	Define as propriedades de uma política de transformação de declarações no *Active Directory.*
123	Set-ADClaimType	Modifique um tipo de declaração no *Active Directory.*
124	Set-ADComputer	Modifica um objeto de computador do *Active Directory.*
125	Set-ADDefaultDomainPasswordPolicy	Modifica a política de senha padrão para um domínio do *Active Directory.*
126	Set-ADDomain	Modifica um domínio do *Active Directory.*
127	Set-ADDomainMode	Define o modo de domínio para um domínio do *Active Directory.*
128	Set-ADFineGrainedPasswordPolicy	Modifica uma política de senha refinada do *Active Directory.*
129	Set-ADForest	Modifica uma floresta do *Active Directory.*
130	Set-ADForestMode	Define o modo de floresta para uma floresta do *Active Directory.*
131	Set-ADGroup	Modifica um grupo do *Active Directory.*
132	Set-ADObject	Modifica um objeto do *Active Directory.*
133	Set-ADOrganizationalUnit	Modifica uma unidade organizacional do *Active Directory.*
134	Set-ADReplicationConnection	Define propriedades nas conexões de replicação do *Active Directory.*

135	Set-ADReplicationSite	Define as propriedades de replicação para um site do *Active Directory*.
136	Set-ADReplicationSiteLink	Define as propriedades de um link de site do *Active Directory*.
137	Set-ADReplicationSiteLinkBridge	Define as propriedades de uma ponte de link de site de replicação no *Active Directory*.
138	Set-ADReplicationSubnet	Define as propriedades de um objeto de sub-rede de replicação do *Active Directory*.
139	Set-ADResourceProperty	Modifica uma propriedade de recurso no *Active Directory*.
140	Set-ADResourcePropertyList	Modifica uma lista de propriedades de recursos no *Active Directory*.
141	Set-ADServiceAccount	Modifica uma conta de serviço gerenciado do *Active Directory* ou um objeto de conta de serviço gerenciado do grupo.
142	Set-ADUser	Modifica um usuário do *Active Directory*.
143	Show-ADAuthenticationPolicyExpression	Exibe a atualização da janela Editar Condições de Controle de Acesso ou cria descritores de segurança da linguagem de definição do descritor de segurança (SDDL).
144	Sync-ADObject	Replica um único objeto entre quaisquer dois controladores de domínio que tenham partições em comum.
145	Test-ADServiceAccount	Testa uma conta de serviço gerenciada de um computador.
146	Uninstall-ADServiceAccount	Desinstala uma conta de serviço gerenciado do Active Directory de um computador ou remove uma conta de serviço gerenciado de grupo em cache de um computador.
147	Unlock-ADAccount	Desbloqueia uma conta do Active Directory.

Vamos destacar o uso de alguns destes cmdlets:

6.2.1.3 Obtendo lista de membros de um grupo no domínio

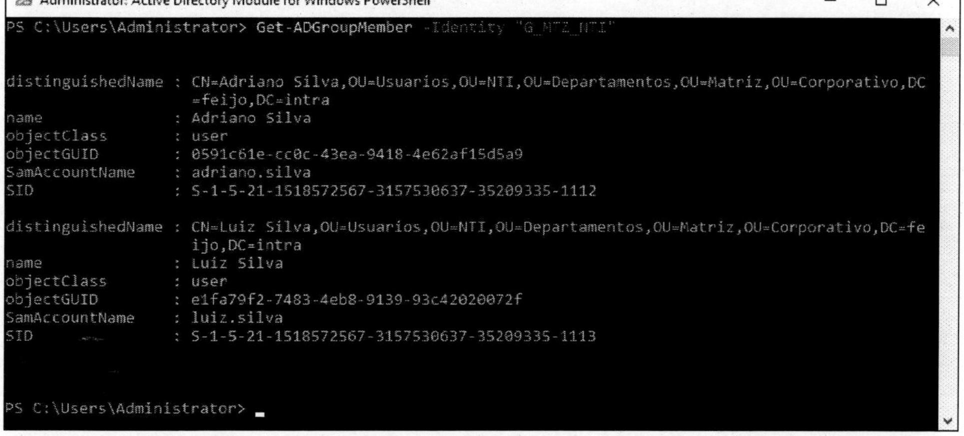

O parâmetro de identity (identidade) é comum em todo o cmdlet do *Active Directory* como uma forma de fazer referência a um determinado objeto do AD. O parâmetro de identidade pode assumir a forma de um nome distinto (por exemplo, DC=feijo, DC=intra), um objeto GUID, SID ou samAccountName.

6.2.1.4 Encontrando funções do FSMO (Flexible Master Single Operation) do Active Directory:

```
Administrator: Active Directory Module for Windows PowerShell
PS C:\Users\Administrator> (Get-ADForest).SchemaMaster
SRV010.feijo.intra
PS C:\Users\Administrator> (Get-ADForest).DomainNamingMaster
SRV010.feijo.intra
PS C:\Users\Administrator> (Get-ADDomain).InfrastructureMaster
SRV010.feijo.intra
PS C:\Users\Administrator> (Get-ADDomain).PDCEmulator
SRV010.feijo.intra
PS C:\Users\Administrator> (Get-ADDomain).RIDMaster
SRV010.feijo.intra
PS C:\Users\Administrator>
```

6.2.1.5 Obtendo informações sobre o servidor LDAP (Controlador de domínio), com Get-RootDSE.

```
Administrator: Active Directory Module for Windows PowerShell
PS C:\Users\Administrator> Get-ADRootDSE


configurationNamingContext    : CN=Configuration,DC=feijo,DC=intra
currentTime                   : 5/18/2018 1:41:15 AM
defaultNamingContext          : DC=feijo,DC=intra
dnsHostName                   : SRV010.feijo.intra
domainControllerFunctionality : Windows2016
domainFunctionality           : Windows2016Domain
dsServiceName                 : CN=NTDS Settings,CN=SRV010,CN=Servers,CN=Default
                                -First-Site-Name,CN=Sites,CN=Configuration,DC=fe
                                ijo,DC=intra
forestFunctionality           : Windows2012Forest
highestCommittedUSN           : 13094
isGlobalCatalogReady          : {TRUE}
isSynchronized                : {TRUE}
ldapServiceName               : feijo.intra:srv010$@FEIJO.INTRA
namingContexts                : {DC=feijo,DC=intra,
                                CN=Configuration,DC=feijo,DC=intra,
                                CN=Schema,CN=Configuration,DC=feijo,DC=intra,
                                DC=DomainDnsZones,DC=feijo,DC=intra...}
rootDomainNamingContext       : DC=feijo,DC=intra
schemaNamingContext           : CN=Schema,CN=Configuration,DC=feijo,DC=intra
serverName                    : CN=SRV010,CN=Servers,CN=Default-First-Site-Name,
                                CN=Sites,CN=Configuration,DC=feijo,DC=intra
subschemaSubentry             : CN=Aggregate,CN=Schema,CN=Configuration,DC=feijo
                                ,DC=intra
```

6.2.1.6 Obtendo informações específicas dos Controladores de domínio, com Get-ADDomainController

```
Administrator: Active Directory Module for Windows PowerShell
PS C:\Users\Administrator> Get-ADDomainController


ComputerObjectDN           : CN=SRV010,OU=Domain Controllers,DC=feijo,DC=intra
DefaultPartition           : DC=feijo,DC=intra
Domain                     : feijo.intra
Enabled                    : True
Forest                     : feijo.intra
HostName                   : SRV010.feijo.intra
InvocationId               : 81e84374-8d4a-4a36-9215-7bf7c9e869aa
IPv4Address                : 192.168.0.200
IPv6Address                :
IsGlobalCatalog            : True
IsReadOnly                 : False
LdapPort                   : 389
Name                       : SRV010
NTDSSettingsObjectDN       : CN=NTDS Settings,CN=SRV010,CN=Servers,CN=Default-First-Site-Name,CN=S
                             ites,CN=Configuration,DC=feijo,DC=intra
OperatingSystem            : Windows Server 2016 Datacenter Evaluation
OperatingSystemHotfix      :
OperatingSystemServicePack :
OperatingSystemVersion     : 10.0 (14393)
OperationMasterRoles       : {SchemaMaster, DomainNamingMaster, PDCEmulator, RIDMaster...}
Partitions                 : {DC=ForestDnsZones,DC=feijo,DC=intra,
                             DC=DomainDnsZones,DC=feijo,DC=intra,
                             CN=Schema,CN=Configuration,DC=feijo,DC=intra,
                             CN=Configuration,DC=feijo,DC=intra...}
```

6.2.1.7 Obtendo informações sobre o domínio, com Get-ADDomain.

```
Administrator: Active Directory Module for Windows PowerShell
PS C:\Users\Administrator> Get-ADDomain


AllowedDNSSuffixes                 : {}
ChildDomains                       : {}
ComputersContainer                 : CN=Computers,DC=feijo,DC=intra
DeletedObjectsContainer            : CN=Deleted Objects,DC=feijo,DC=intra
DistinguishedName                  : DC=feijo,DC=intra
DNSRoot                            : feijo.intra
DomainControllersContainer         : OU=Domain Controllers,DC=feijo,DC=intra
DomainMode                         : Windows2016Domain
DomainSID                          : S-1-5-21-1518572567-3157530637-35209335
ForeignSecurityPrincipalsContainer : CN=ForeignSecurityPrincipals,DC=feijo,DC=intra
Forest                             : feijo.intra
InfrastructureMaster               : SRV010.feijo.intra
LastLogonReplicationInterval       :
LinkedGroupPolicyObjects           : {CN={31B2F340-016D-11D2-945F-00C04FB984F9},CN=Policies,CN=Sys
                                     tem,DC=feijo,DC=intra}
LostAndFoundContainer              : CN=LostAndFound,DC=feijo,DC=intra
ManagedBy                          :
Name                               : feijo
NetBIOSName                        : FEIJO
ObjectClass                        : domainDNS
ObjectGUID                         : a4bcb296-5173-4b3d-8b5c-28f357f0b40e
ParentDomain                       :
PDCEmulator                        : SRV010.feijo.intra
PublicKeyRequiredPasswordRolling   : True
```

6.2.1.8 Obtendo informações sobre a Floresta, com Get-ADForest.

```
Administrator: Active Directory Module for Windows PowerShell
PS C:\Users\Administrator> Get-ADForest


ApplicationPartitions : {DC=ForestDnsZones,DC=feijo,DC=intra, DC=DomainDnsZones,DC=feijo,DC=intra}
CrossForestReferences : {}
DomainNamingMaster    : SRV010.feijo.intra
Domains               : {feijo.intra}
ForestMode            : Windows2012Forest
GlobalCatalogs        : {SRV010.feijo.intra}
Name                  : feijo.intra
PartitionsContainer   : CN=Partitions,CN=Configuration,DC=feijo,DC=intra
RootDomain            : feijo.intra
SchemaMaster          : SRV010.feijo.intra
Sites                 : {Default-First-Site-Name}
SPNSuffixes           : {}
UPNSuffixes           : {}



PS C:\Users\Administrator> _
```

6.2.1.9 Obtendo informações sobre um usuário, com Get-ADUser.

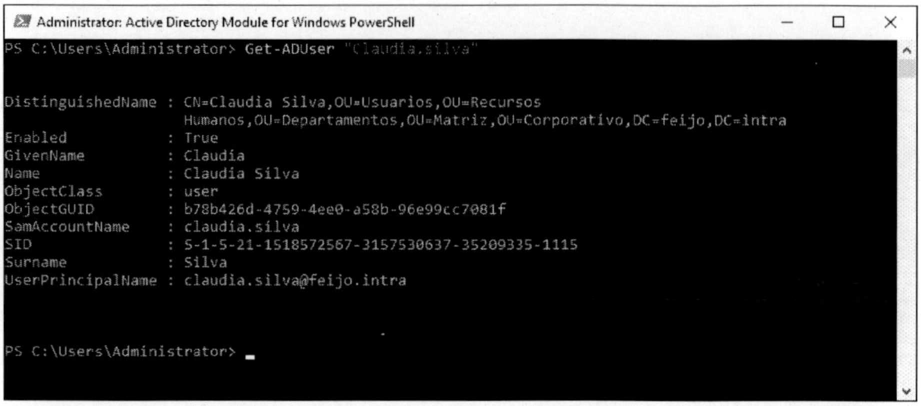

6.2.1.10 Obtendo informações sobre um grupo do *Active Directory*, Get-ADGroup.

É possível filtrar a pesquisa: (Get-ADGroup –Filter {GroupCategory –eq 'Security})

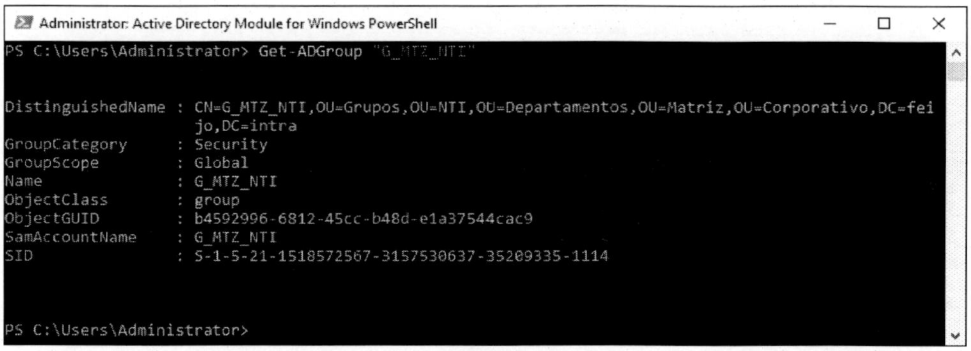

6.2.1.1 1 Redefinindo a senha do usuário

Redefinindo a senha de um usuário, usando o cmdlet **Set-ADAccountPassword.** A nova senha deve ser especificada como uma string segura: uma parte do texto criptografada e armazenada na memória durante a sessão do PowerShell:

Fornecendo a nova senha. Aqui está a mudança para o usuário Aderbal.silva:

```
Administrator: Active Directory Module for Windows PowerShell
PS C:\Users\Administrator> $new=Read-Host "Senha" -AsSecureString
Senha: ********
PS C:\Users\Administrator> Set-ADAccountPassword aderbal.silva -NewPassword $New
PS C:\Users\Administrator> _
```

Definindo para o usuário alterar sua senha no próximo logon, usando Set-ADUser:

```
Administrator: Active Directory Module for Windows PowerShell
PS C:\Users\Administrator> $new=Read-Host "Senha" -AsSecureString
Senha: ********
PS C:\Users\Administrator> Set-ADAccountPassword aderbal.silva -NewPassword $New
PS C:\Users\Administrator>
PS C:\Users\Administrator> Set-ADUser aderbal.silva -ChangePasswordAtLogon $True
PS C:\Users\Administrator> _
```

6.2.1.12 Desativar e ativar uma conta de usuário

Antes de realizar a desativação e ativação de uma conta de usuários do domínio, vamos utilizar um parâmetro bastante usado, -Whatif, para verificar o comando sem executá-lo:

```
Administrator: Active Directory Module for Windows PowerShell
PS C:\Users\Administrator> Disable-ADAccount aderbal.silva -WhatIf
What if: Performing the operation "Set" on target "CN=Aderbal Silva,OU=Usuarios,O
U=Financeiro,OU=Departamentos,OU=Matriz,OU=Corporativo,DC=feijo,DC=intra".
PS C:\Users\Administrator> _
```

Desativando:

```
Administrator: Active Directory Module for Windows PowerShell
PS C:\Users\Administrator> Disable-ADAccount aderbal.silva
PS C:\Users\Administrator>
```

Ativando

```
Administrator: Active Directory Module for Windows PowerShell
PS C:\Users\Administrator> Enable-ADAccount aderbal.silva
PS C:\Users\Administrator>
```

Esses cmdlets podem ser usados em uma expressão de pipeline para habilitar ou desabilitar quantas contas forem necessárias. Veja um exemplo, para desativar todas as contas de usuário no departamento NTI:

```
Administrator: Active Directory Module for Windows PowerShell
PS C:\Users\Administrator> Get-ADUser -Filter "departament -eq 'NTI'" | Disable-ADAccount
PS C:\Users\Administrator>
```

6.2.1.13 Desbloqueando uma conta de usuário

Desbloqueando a conta do usuário Mariana.silva:

```
Administrator: Active Directory Module for Windows PowerS...
PS C:\Users\Administrator> Unlock-ADAccount Mariana.silva
PS C:\Users\Administrator>
```

6.2.1.14 Excluir uma conta de usuário

Excluindo um usuário:

```
Administrator: Active Directory Module for Windows PowerShell
PS C:\Users\Administrator> Remove-ADUser  adriano.silva
```

Excluindo vários usuários (Esse comando de uma linha localizaria e excluiria todas as contas desativadas na Unidade organizacional Engenharia, que não foram alteradas em pelo menos 180 dias).

```
Administrator: Active Directory Module for Windows PowerShell
PS C:\Users\Administrator> Get-ADUser -Filter "enabled -eq 'false'" -Properties WhenChanged
 -SearchBase "OU=Engenharia,OU=Departamentos,OU=Matriz,OU=Corporativo,DC=feijo,DC=intra" |
where {$_.WhenChanged -le (Get-Date).AddDays(-180)} | Remove-ADUser
```

6.2.1.15 Encontrando Grupos vazios

Encontrando todos os grupos no domínio vazios, incluindo grupos internos:

```
Administrator: Active Directory Module for Windows PowerShell
PS C:\Users\Administrator> Get-ADGroup -filter * | where {-Not($_| Get-ADGroupMember)} | Select Name

Name
----
Print Operators
Backup Operators
Replicator
Remote Desktop Users
Network Configuration Operators
Performance Monitor Users
Performance Log Users
Distributed COM Users
Cryptographic Operators
```

6.2.1.16 Adicionando Membros a um grupo

Adicionando um usuário ao grupo

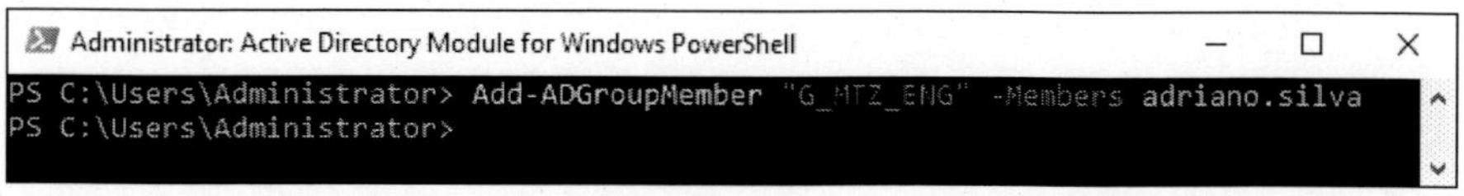

Adicionando vários usuários a um grupo, de acordo com um parâmetro
NA C:\> Add-ADGroupMember "Chicago Employees" –member
(get-aduser –filter "city –eq 'Chicago'")
NA C:\> Get-ADUser –filter "city –eq 'Chicago'" | foreach
{Add-ADGroupMember "Chicago Employees" –Member $_}

6.2.1.17 Encontrando contas de computadores obsoletos

Encontra todas as contas de computador que não tiverem alterado sua senha desde 1º de janeiro de 2018:

6.2.1.18 Descobrindo qual servidor de logon (DC) fez a autenticação

Uma informação que pode ser muito útil em momentos críticos de resolução de problemas, como falhas na aplicação de políticas de grupo ou logins lentos, é saber em qual controlador de domínio foi processada a sua autenticação atual.

Para descobrir isso, pode usar o powershell.

PS : $Env:LOGONSERVER

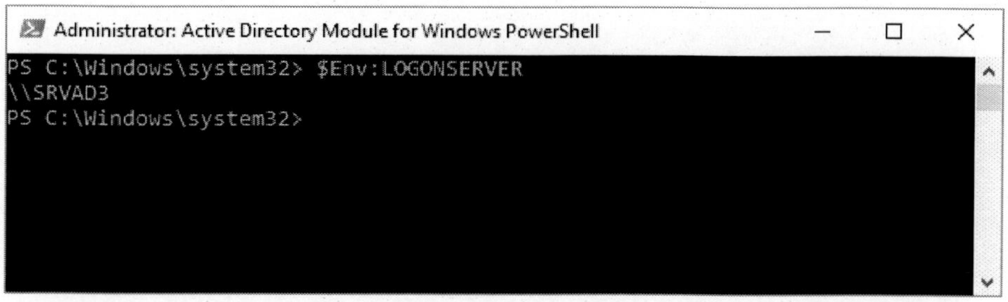

6.3 ADSI Edit

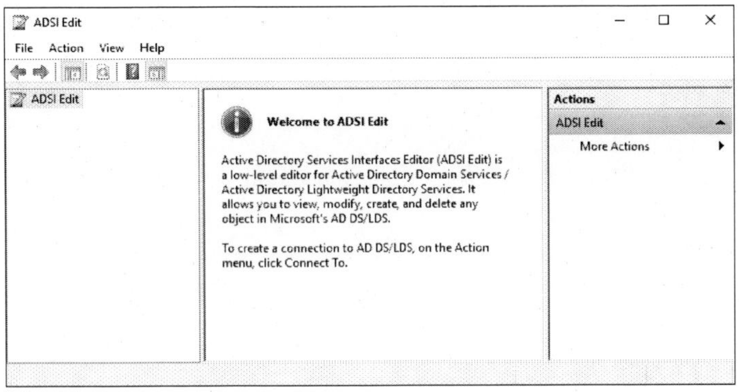

Fig. 16 – Janela inicial do ADSI Edit

O ADSI Edit é uma ferramenta de gerenciamento de dados, incluída nas primeiras ferramentas do Resource Kit para *Active Directory*. O ADSI Edit está agora nas ferramentas do RSAT para o *Active Directory*; é acessível através da seção de ferramentas administrativas do Painel de Controle ou iniciando o **adsiedit.msc.**

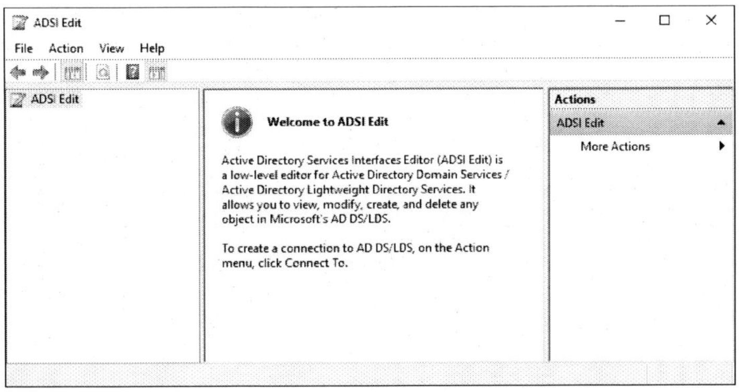

O primeiro passo para colocar esta ferramenta para funcionar é conectá-la ao *Active Directory*. Para fazer isso, clique com o botão direito em ADSI Edit e escolha o comando Connect to (Conectar-se):

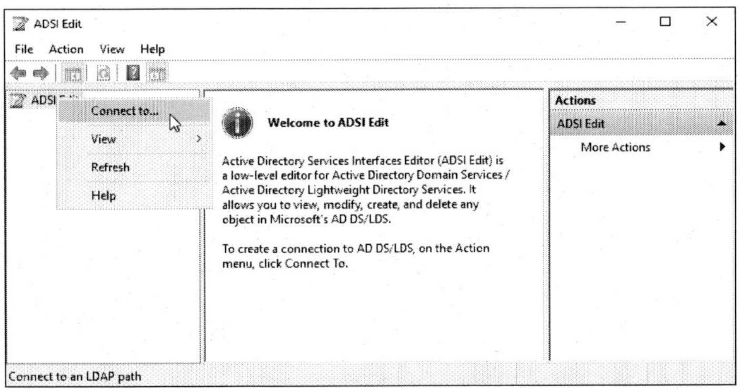

Isso abrirá a caixa de diálogo **Connection Settings** (Configurações de conexão). É necessário selecionar o contexto de nomeação ao qual deseja se conectar. Segue as configurações padrões:

Como o Editor do Registro, o ADSI Edit usa uma exibição de árvore hierárquica. A diferença, no entanto, é que a opção de expandir o Contexto de Nomeação Padrão e outras camadas da hierarquia não aparece até que o nó seja clicado.

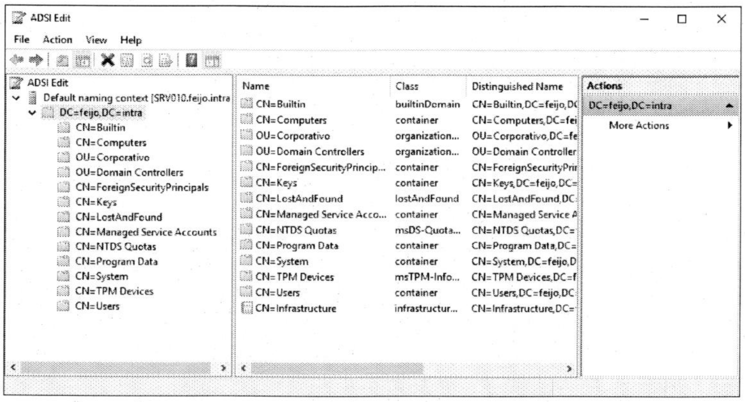

O ADSI Edit oferece a capacidade de mover, excluir, renomear ou modificar objetos que você normalmente não conseguiria.

Capítulo 7

Active Directory e DNS

O protocolo DNS, por padrão, não tem nenhum recurso interno para garantir autenticação ou verificar a integridade das informações de DNS trocadas entre servidores DNS ou entregues a clientes DNS. Essa vulnerabilidade conhecida pode ser explorada por invasores que podem sequestrar a atividade de resolução de nomes.

7.1 DNSSEC

Podemos definir o **DNSSEC** como um conjunto de extensões adicionais que estabelecem uma camada de segurança ao protocolo DNS, permitindo que as respostas DNS sejam validadas. O DNSSEC estabelece autoridade de origem, integridade de dados e negação de existência autenticada. Apartir da adoção do DNSSEC, o protocolo DNS passa a ser muito menos vulnerável a certos tipos de ataques, principalmente **DNS spoofing attacks** (ataques de falsificação de DNS).

O Windows Server 2012 introduz muitos aprimoramentos relacionados ao DNSSEC. As zonas integradas ao *Active Directory* agora podem ser assinadas e atualizações dinâmicas são permitidas em zonas assinadas, vale apena lembrar que até o Windows Server 2008 R2 as zonas integradas ao *Active Directory* precisavam primeiro ser exportadas para um arquivo e as atualizações dinâmicas para uma zona não eram mais possíveis após a assinatura. Qualquer alteração nos dados na zona significava que a zona tinha que ser novamente assinada manualmente.

Além disso, o assistente de assinatura de zona, acessível por meio do Gerenciador DNS, fornece uma interface gráfica para o processo de assinatura de zona.

Apenas os controladores de domínio podem hospedar zonas integradas ao *Active Directory*, mas caso não vá ser utilizada este tipo de zona, um servidor membro ou mesmo um servidor autônomo, pode atuar como servidor DNS. Além disso, os membros do domínio e os servidores independentes podem ser servidores secundários para zonas integradas ao *Active Directory*, desde que as transferências de zona estejam configuradas corretamente.

O DNSSEC usa certificados de Infraestrutura de Chave Pública (PKI) com o protocolo DNS para permitir que os servidores DNS validem as respostas do DNS.

Com o DNSSEC, um administrador pode assinar digitalmente uma zona DNS, que é uma maneira de assinar digitalmente todos os registros dentro dessa zona.

Quando uma consulta DNS é emitida para um registro de recurso em uma zona assinada, uma assinatura digital é retornada com a resposta para que a validação possa ser executada. O processo de validação garante que os dados não tenham sido modificados ou adulterados e possam ser confiáveis pelo resolvedor de DNS.

É ideal que apenas servidores que executam o Windows Server 2012 ou posterior sejam usados para hospedar zonas DNS assinadas. Isso muito em função das implementações que o Windows Server 2012 trouxe em relação ao DNSSEC, como por exemplo, as zonas assinadas no Windows Server 2012 serão carregadas como zonas não assinadas no Windows Server 2008 R2.

É importante saber que o servidor DNS deve oferecer suporte a mecanismos de extensão para o DNS (EDNS0) e a rede (roteadores e firewall) precisa estar preparada para permitir pacotes UDP maiores que 512 bytes.

7.1.1 Registros de Recursos DNSSEC

As assinaturas geradas após a implementação do **DNSSEC são incluídas na zona DNS como uma RRSIG** (Resource Record Signature). Quando o servidor DNS responde a uma consulta de resolução de nomes, um ou mais registros **RRSIG são retornados na resposta.**

Uma chave criptográfica pública armazenada em um registro de recurso **DNSKEY** é usada para verificar a assinatura. O registro **DNSKEY** é recuperado por um servidor DNS durante o processo de validação. Se nenhum registro de recurso correspondente for encontrado, isso significa que não há registro de **RRSIG**, no entanto, a resposta do servidor DNS ainda deve ser validada, pois nesses casos, os registros **Next Secure** (NSEC) são usados. Um validador pode usar o registro **NSEC** como prova de que o nome não existe.

7.1.2 Pontos de Confiança

Eles fornecem uma maneira de compartilhar a chave pública usada para validar a assinatura digital do registro **RRSIG** com outros servidores DNS confiáveis. Se o servidor DNS estiver sendo executado em um controlador de domínio, os pontos de confiança poderão ser armazenados na partição de diretório da floresta no AD DS, de onde poderão ser replicados para todos os servidores DNS em execução nos controladores de domínio da floresta.

7.1.3 Tabela de Políticas de Resolução de Nomes (NRPT)

Contém a lista de zonas ou namespaces que executam consultas **DNSSEC**.

O **NRPT** é uma tabela que contém regras que podem ser configuradas para especificar configurações de DNS ou comportamento especial para nomes ou espaços para nome.

O NRPT pode ser configurado usando o Editor de Gerenciamento de Diretiva de Grupo em **Configuração do Computador \ Diretivas \ Configurações do Windows \ Diretiva de Resolução de Nomes** ou com o **Windows PowerShell.**

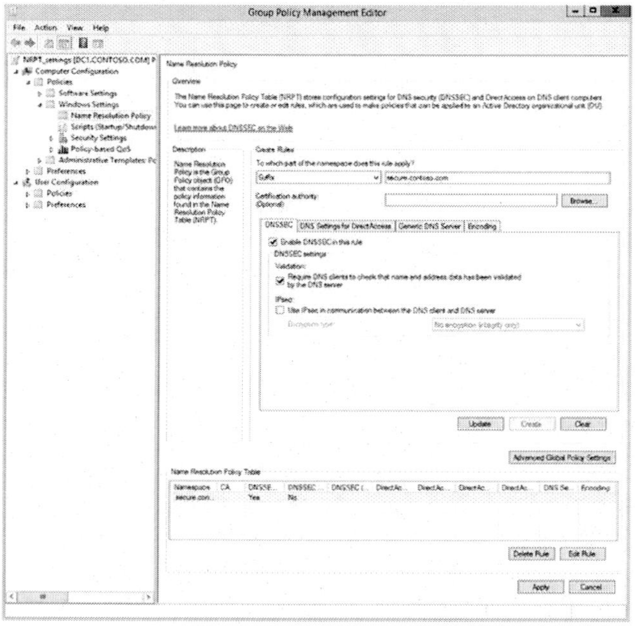

A tabela de políticas de resolução de nomes no Windows Server 2012 R2 é exibida abaixo.

Quando o serviço de cliente DNS executa a resolução de nomes DNS, ele verifica o NRPT antes de enviar uma consulta DNS. Se uma consulta DNS corresponder a uma entrada no NRPT, ela será tratada de acordo com as configurações da política. As consultas que não correspondem a uma entrada NRPT são processadas normalmente. Você pode usar o NRPT para exigir que a validação DNSSEC seja executada nas respostas DNS para consultas nos espaços de nomes que você especificar.

O NRPT pode ser configurado para exigir ou não validação para segmentos específicos do seu espaço para nome.

7.1.4 Verificando se uma zona está assinada

Usando o Windows PowerShell, podemos verificar se uma zona DNS não está assinada no momento. No prompt do PowerShell, digite:

Resolve-Dnsname FQDN **–server**DNS_Server_name**–dnssecok.**

7.2 Como gerenciar o servidor DNS do Windows Server 2016/2019 usando o PowerShell

O Módulo DNS para o Windows PowerShell foi disponibilizado com o Windows Server 2008 R2, mas ainda sem cobrir totalmente todas as funções do serviço DNS. No Windows Server 2016, a Microsoft implementou as funções que faltavam no módulo DNS, sendo possível agora implementar, administrar e gerenciar o serviço DNS integralmente via PowerShell.

Por padrão, a GUI está disponível com a função Instalação do servidor DNS. A seguir, apresento alguns cmdlets relacionados ao DNS.

É possível visualizar todos os cmdlets disponíveis executando no PowerShell:

Get-Command –Modulo dnsserver

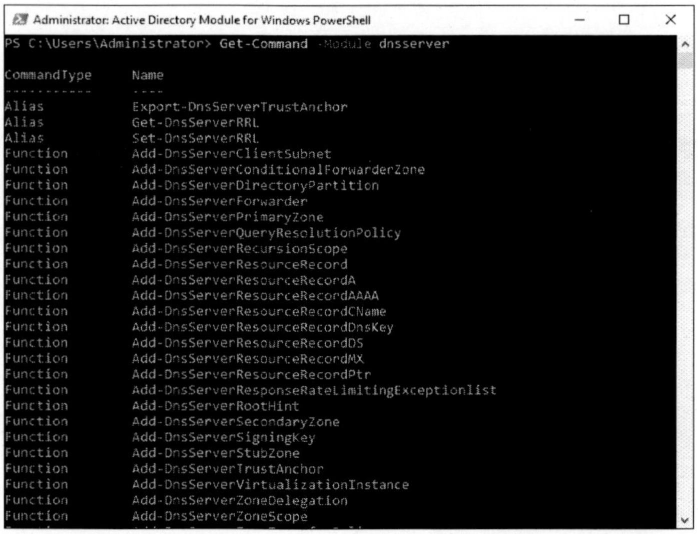

Para visualizar todas as zonas disponíveis, execute:

Get-DnsServerZone

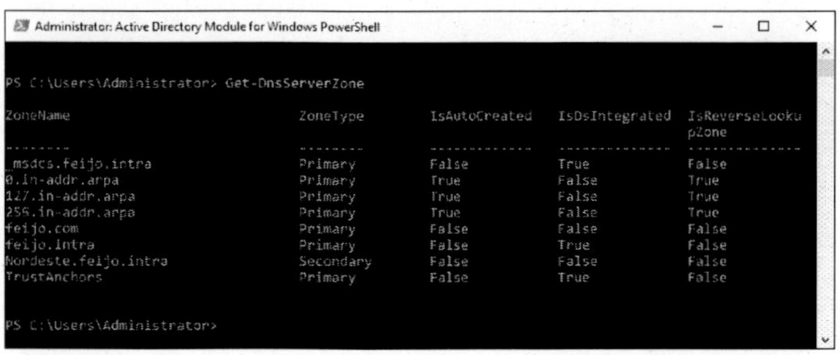

Para criar uma nova zona primária, execute:

Add-DnsServerPrimaryZone –Name feijo.local –ZoneFile feijo.dns

Para criar uma zona reversa no DNS, execute:

Add-DnsServerPrimaryZone –NetworkId "192.168.100.0/24" –ReplicationScope Domain

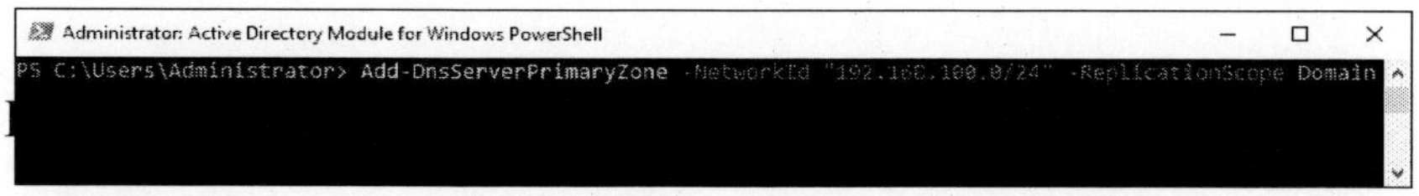

add-DnsServerResourceRecordA –Name comp01.feijo.intra –Ipv4Address 192.168.0.5 –ZoneName feijo.intra

Sync –DnsServerZone –PassThru

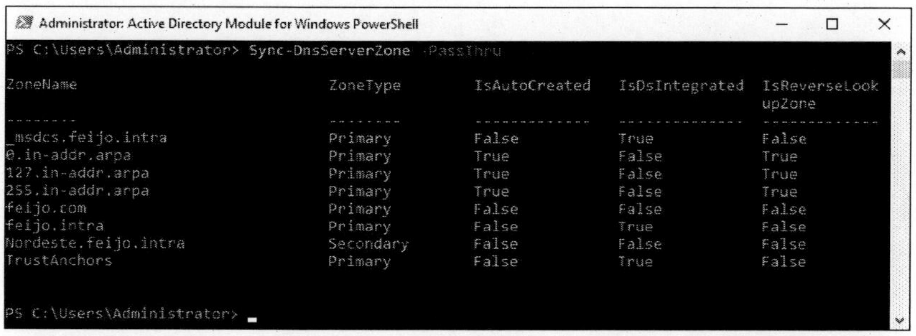

Para testar um servidor DNs em relação a um endereço IP, execute:

Test-DnsServer

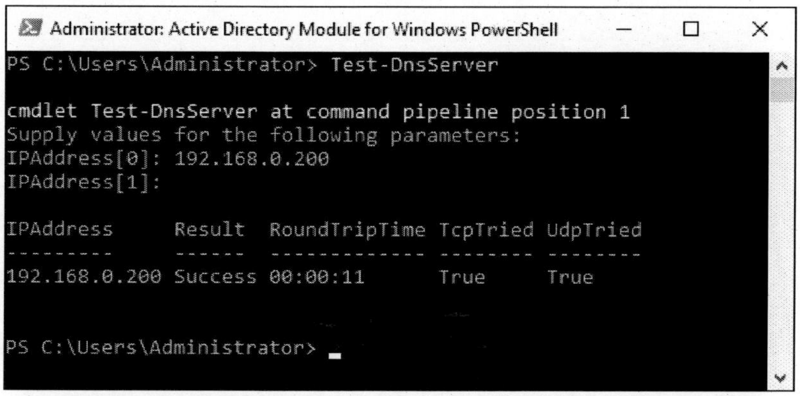

Capítulo 8

Políticas de Grupo

8.1 Advanced Audit Policy Configuration

As configurações avançadas de política de auditoria de segurança podem ajudar as empresas a auditar a conformidade com regras importantes relacionadas a negócios e segurança, rastreando atividades executadas pelos usuários no ambiente.

As configurações avançadas de política de auditoria foram introduzidas no Windows Server 2008, aumentando as configurações possíveis da política de auditoria de 9 para 53. Com isso é possível definir exatamente o que se quer auditar, registrando apenas os eventos necessários.

Importante: *Não use as configurações básicas de política de auditoria e as configurações avançadas localizadas em Configurações de segurança \ Configuração avançada de política de auditoria. O uso de ambos pode causar problemas e não é recomendado.*

A Microsoft fornece as seguintes informações.

> ⓘ Importante
>
> Se você aplicar políticas de auditoria avançadas usando a Política de Grupo ou scripts de logon, não use as configurações básicas de política de auditoria em Políticas **Locais\Política** de Auditoria e as configurações avançadas em Configurações de **Segurança\Configuração**Avançada da Política de Auditoria. O uso de configurações de política de auditoria básicas e avançadas pode causar resultados inesperados no relatório de auditoria.

A política de auditoria avançada possui as seguintes categorias. Cada categoria contém um conjunto de políticas.

1. Logon da conta
2. Gestão de Contas
3. Rastreamento Detalhado
4. Acesso DS

5. Logon / Logoff
6. Acesso a Objetos
7. Mudança de política
8. Uso Privilegiado
9. Sistema
10. Auditoria de acesso a objetos globais

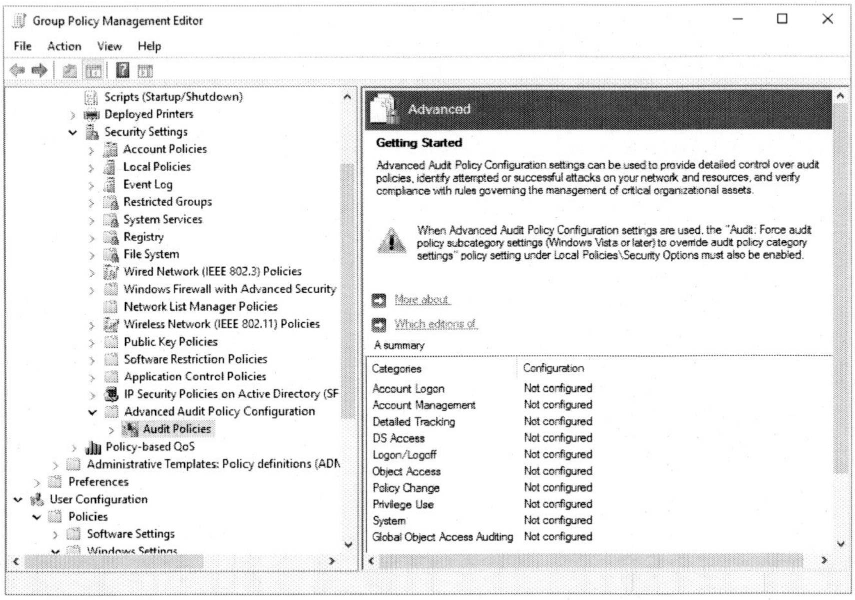

Fig. 17 – Políticas de auditorias disponíveis nas políticas avançadas de auditoria

Conforme alerta mostrado, ao entrar em Audit Policies, mostrado na figura 17 acima, caso seja ativado no ambiente as configurações avançadas de política de auditoria, é necessário garantir que não haverá conflito com a politica de auditoria básica, que deverá ser ignorada, ativando a diretiva:

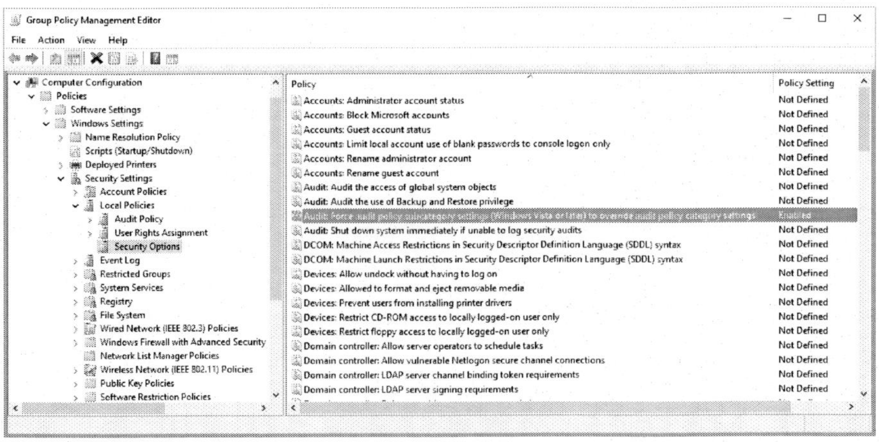

Fig. 18 – Políticas de auditorias disponíveis nas políticas avançadas de auditoria

Audit: Force audit policy settings (Windows Vista or later) to override audit policy settings category settings

Vamos descrever o que cada categoria implementa e identificar qual o comportamento podemos monitorar ao ativar alguma das políticas associadas:

8.1.1 Logon de conta

Essa configuração permite rastrear todas as tentativas de logon bem-sucedidas e malsucedidas. É importante podermos identificar um padrão de tentativas malsucedidas, porque pode ser um indicativo de uso de credenciais que não são mais válidas. Para contas de domínio, o registro acontece no controlador de domínio. Subcategorias presentes:

- Validação de credencial de auditoria
- Serviço de autenticação de auditoria Kerberos
- Auditar operações de tíquete de serviço Kerberos
- Auditar outros eventos de logon-logoff

8.1.2 Gestão de Contas

Por uma questão de segurança e complice é importante monitorarmos e ter o registro das alterações em contas e grupos de usuários e computadores. Esta categoria inclui as seguintes subcategorias:

- Gerenciamento de grupo de aplicativos de auditoria
- Auditoria de gerenciamento de contas de computador
- Gestão do Grupo de Distribuição de Auditoria
- Auditar outros eventos de gerenciamento de contas
- Gerenciamento de grupo de segurança de auditoria
- Auditoria de gerenciamento de conta de usuário

8.1.3 Rastreamento Detalhado

Configurações de política de segurança de rastreamento detalhado podem ser usadas para monitorar as atividades de aplicativos e usuários individuais. Subcategorias presentes:

- Atividade de auditoria DPAPI
- Atividade de auditoria DPAPI
- Criação de processo de auditoria
- Término do Processo de Auditoria

- Auditar eventos RPC
- Evento de ajuste de token direito

8.1.4 Acesso DS

A ativação da configuração Acesso DS, irá fornecer uma trilha de auditoria detalhada das operações relacionadas aos objetos do Serviço de Domínio *Active Directory* (AD DS), tais como: acesso, criação, modificação, exclusão. Esses eventos de auditoria são registrados apenas em controladores de domínio. Subcategorias presentes:

- Auditar Replicação de Serviço de Diretório Detalhado
- Auditoria de acesso ao serviço de diretório
- Auditoria de mudanças no serviço de diretório
- Replicação de serviço de diretório de auditoria

8.1.5 Logon / Logoff

Os eventos de auditoria desta categoria são muito importantes para o ambiente. Os eventos de logon estão relacionados à criação de sessões de logon e ocorrem no computador que foi acessado. Para um logon interativo, os eventos são gerados no computador que foi conectado. Para o logon da rede, como o acesso a um recurso compartilhado, os eventos são gerados no computador que hospeda o recurso que foi acessado. Os eventos de logoff são gerados quando as sessões de logon são encerradas. Esta categoria inclui as seguintes subcategorias:

- Auditoria de bloqueio de conta
- Modo estendido de auditoria IPsec
- Modo principal de auditoria IPsec
- Modo rápido de auditoria IPsec
- Logoff de auditoria
- Logon de auditoria
- Servidor de políticas de auditoria de rede
- Auditar outros eventos de logon-logoff
- Logon especial de auditoria
- Auditar declarações de usuário e dispositivos
- Auditar membros de grupos

8.1.6 Acesso a Objetos

As configurações de política de acesso a objetos e eventos de auditoria permitem que você rastreie tentativas de acesso a objetos específicos ou tipos de objetos em uma rede ou computador. Para auditar as tentativas de acesso a um arquivo, diretório, chave de registro ou qualquer outro objeto, você deve habilitar a subcategoria de auditoria de Acesso ao Objeto apropriado para eventos de sucesso e / ou falha. Subcategorias presentes:

- Aplicativo de auditoria gerado
- Serviços de certificação de auditoria
- Auditoria de compartilhamento de arquivos detalhados
- Auditoria de compartilhamento de arquivos
- Sistema de arquivos de auditoria
- Conexão de plataforma de filtragem de auditoria
- Queda de pacotes da plataforma de filtragem de auditoria
- Manipulação de identificador de auditoria
- Objeto de Kernel de Auditoria
- Auditar outros eventos de acesso a objetos
- Registro de auditoria
- Auditoria SAM
- Auditoria de armazenamentos removíveis
- Teste de política de acesso central de auditoria

8.1.7 Mudança de política

A ativação desta categoria permite rastrear mudanças em políticas de segurança importante. Subcategorias presentes:

- Alteração da política de auditoria de auditoria
- Alteração da política de autenticação de auditoria
- Alteração da política de autorização de auditoria
- Alteração da política da plataforma de filtragem de auditoria
- Auditar mudança de política em nível de regra MPSSVC
- Auditar outros eventos de mudança de política

8.1.8 Uso Privilegiado

Permite rastrear o uso de certas permissões concedidas a usuários dos computadores. Esta categoria inclui as seguintes subcategorias:

- Auditar o uso de privilégios não confidenciais
- Uso de privilégios confidenciais de auditoria
- Auditar outros eventos de uso de privilégios

8.1.9 Sistema

Permitem rastrear as alterações no nível do sistema em um computador que não está incluído em outras categorias e que têm implicações de segurança em potencial. Subcategorias presentes:

- Auditar driver IPsec
- Auditar outros eventos do sistema
- Alteração do estado de segurança da auditoria
- Extensão do sistema de segurança de auditoria
- Integridade do sistema de auditoria

8.1.10 Acesso a objetos globais

Essa categoria possui duas configurações de política de Auditoria de Acesso a Objetos Globais, uma para o Registro e uma para o sistema de arquivos. Essas configurações não podem ser anuladas ou contornadas. Quando configuradas, elas aplicam um controle de acesso do sistema global SACL em todos os objetos dessa classe em um sistema.

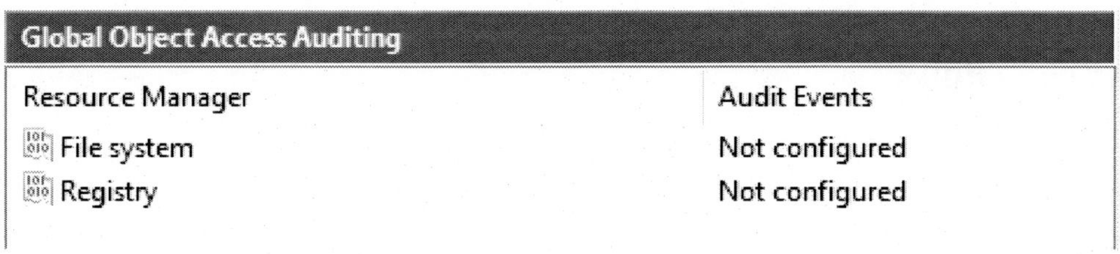

8.2 Eventos críticos que devem ser monitorados

Complementando as configurações avançadas de política de auditoria, que estudamos no item anterior, abaixo listo um conjunto de eventos críticos que devemos estar atentos quando algum destes registros ocorrerem:

- Logon Failures
    - Event **ID 4624, 4771**
- Successful logons
    - Event **ID 4624**
- Failures due to bad passwords
    - Event **ID 4625**
- User Account Locked out
    - Event **ID 4740**
- User Account Unlocked

  - Event **ID 4767**
- User changed password
  - Event **ID 4723**
- User Added to Privileged Group
  - Event **ID 4728, 4732, 4756**
- Member added to a group
  - Event **ID 4728, 4732, 4756, 4761, 4746, 4751**
- Member removed from group
  - Event **ID 4729, 4733, 4757, 4762, 4747, 4752**
- Security log cleared
  - Event **ID 1102**
- Computed Deleted
  - Event **ID 4743**

8.3 Auditpol

É um comando integrado que pode definir e obter a política de auditoria em um sistema.

- Syntax
  Auditpol /set
  [/user[:<username>|<{sid}>][/include][/exclude]]
  [/category:<name>|<{guid}>[,:<name|<{guid}>...]]
  [/success:<enable>|<disable>][/failure:<enable>|<disable>]
  [/subcategory:<name>|<{guid}>[,:<name|<{guid}>...]]
  [/success:<enable>|<disable>][/failure:<enable>|<disable>]
  [/option:<option name> /value: <enable>|<disable>]

Parâmetros

Parâmetro	Descrição
/user	A entidade de segurança para a qual a política de auditoria por usuário especificada pela categoria ou subcategoria é definida. A opção de categoria ou subcategoria deve ser especificada, como um identificador de segurança (SID) ou nome.
/include	Especificado com / usuário; indica que a política por usuário do usuário fará com que uma auditoria seja gerada, mesmo que não seja especificada pela política de auditoria do sistema. Essa configuração é o padrão e é aplicada automaticamente se nem os parâmetros / include nem / exclude forem especificados explicitamente.

/exclude	Especificado com / usuário; indica que a política por usuário do usuário fará com que uma auditoria seja suprimida, independentemente da política de auditoria do sistema. Essa configuração é ignorada para usuários que são membros do grupo Administradores local.
/category	Uma ou mais categorias de auditoria especificadas por identificador globalmente exclusivo (GUID) ou nome. Se nenhum usuário for especificado, a política do sistema será definida.
/subcategory	Uma ou mais subcategorias de auditoria especificadas por GUID ou nome. Se nenhum usuário for especificado, a política do sistema será definida.
/success	Especifica auditoria de sucesso. Essa configuração é o padrão e é aplicada automaticamente se nem os parâmetros / success nem / failure forem especificados explicitamente. Esta configuração deve ser usada com um parâmetro que indica se a configuração deve ser habilitada ou desabilitada.
/failure	Especifica auditoria de falha. Esta configuração deve ser usada com um parâmetro que indica se a configuração deve ser habilitada ou desabilitada.
/option	Define a política de auditoria para as opções CrashOnAuditFail, FullPrivilegeAuditing, AuditBaseObjects ou AuditBaseDirectories.
/sd	Define o descritor de segurança usado para delegar acesso à política de auditoria. O descritor de segurança deve ser especificado usando o Security Descriptor Definition Language (SDDL). O descritor de segurança deve ter uma lista de controle de acesso discricionário (DACL).

Para ver a auditoria atual, execute o comando:

auditpol /get /category:*

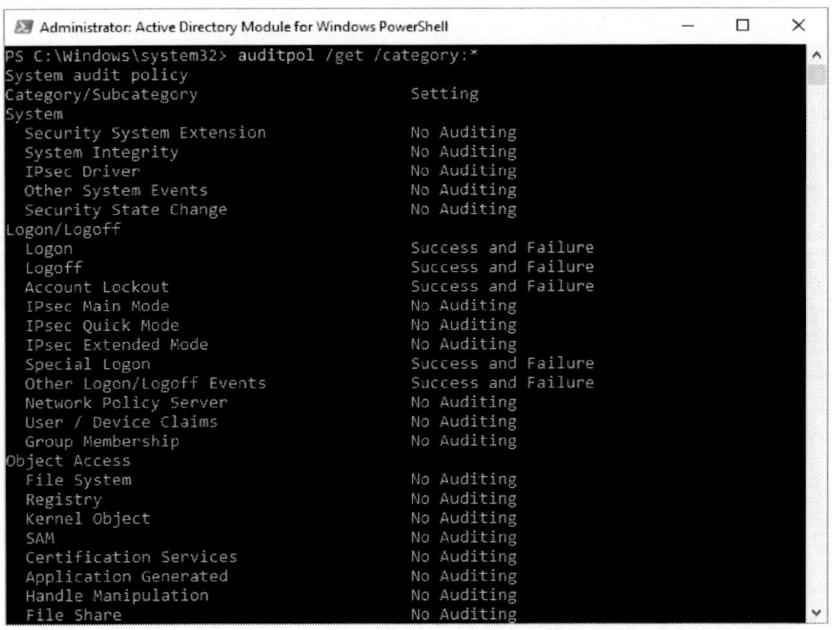

Capítulo 9

Replicação do *Active Directory*

No capítulo 9, do volume 1, começamos o nosso estudo do processo de replicação do *Active Directory*, conhecendo os componentes que fazem parte da replicação e como ela funciona. Agora vamos entrar na sua arquitetura e detalhar ainda mais seus mecanismos de funcionamento.

9.1 Arquitetura e processos de KCC do *Active Directory*

A topologia de replicação é gerada pelo Knowledge Consistency Checker (KCC), um componente de replicação que é executado como um aplicativo em cada controlador de domínio e se comunica por meio do banco de dados distribuído do *Active Directory*. O KCC funciona localmente lendo, criando e excluindo dados do *Active Directory*. Especificamente, o KCC lê dados de configuração e lê e grava objetos de conexão. O KCC também grava valores de atributos locais não replicados que indicam os parceiros de replicação dos quais solicitar a replicação.

Na maior parte de sua operação, o KCC executado em um controlador de domínio não se comunica diretamente com o KCC em nenhum outro controlador de domínio. Em vez disso, todos os KCCs usam o conhecimento dos dados globais comuns que são armazenados na partição do diretório de configuração como entrada para o algoritmo de geração de topologia para convergir na mesma visualização da topologia de replicação.

Cada KCC usa sua visão na memória da topologia para criar conexões de entrada localmente, manifestando apenas os resultados que se aplicam a si mesmo. O KCC se comunica com outros KCCs apenas para fazer uma solicitação de chamada de procedimento remoto (RPC) para informações de erro de replicação. O KCC usa as informações de erro para identificar lacunas na topologia de replicação. Uma solicitação de informações de erro de replicação ocorre apenas entre controladores de domínio no mesmo site.

O KCC usa apenas RPC para se comunicar com o serviço de diretório. O KCC não usa o protocolo LDAP (Lightweight Directory Access Protocol).

O ISTG cria uma exibição da topologia de replicação para todos os sites, incluindo objetos de conexão existentes entre todos os controladores de domínio que atuam como servidores bridgehead. O ISTG então cria objetos de conexão de entrada para servidores em seu site que ele determina que atuem como servidores bridgehead e para os quais ainda não existem objetos de conexão. Portanto, o escopo de operação para o KCC é apenas o servidor local e o escopo de operação para o ISTG é um único site.

9.1.1 Geração de topologia de anel simplificada

Um processo simplificado para criar a topologia para replicação em um site começa da seguinte maneira:

1. O KCC gera uma lista de todos os servidores no site que contêm essa partição de diretório.
2. Esses servidores estão conectados em um anel.
3. Para cada servidor vizinho no anel do qual o controlador de domínio atual deve replicar, o KCC cria um objeto de conexão se ainda não existir um:

Name	From Server	From Site	Type
<automatically generated>	SRVAD1	Default-First-Site-Name	Connection
<automatically generated>	SRVAD3	Default-First-Site-Name	Connection

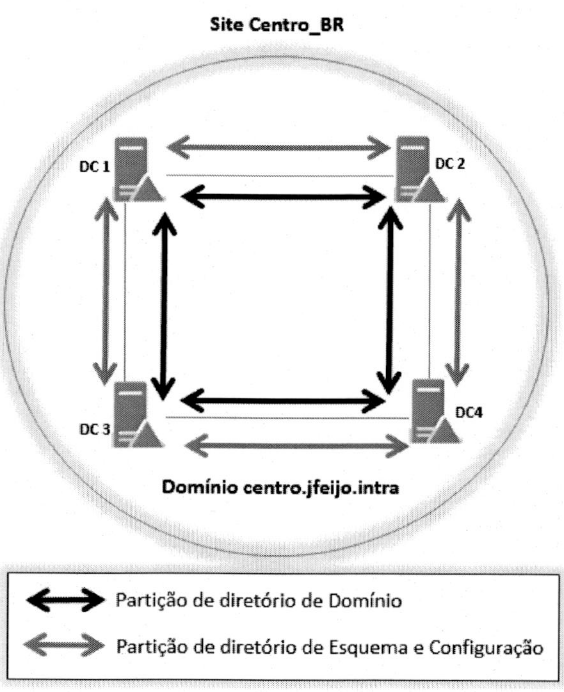

Esse cenário simples suporta uma única falha. Apenas os controladores de domínio disponíveis, são considerados no momento de geração da lista de servidores que entrarão no anel.

Neste cenário, apresentado na figura a seguir, é possível visualizarmos a topologia de replicação que contemplam as partições de domínio, esquema e configuração:

Agora vamos considerar um cenário em que controladores de domínio de um segundo domínio estiverem presente no mesmo site.

Neste novo cenário, apresentado na figura a seguir, é possível visualizarmos a topologia de replicação que contemplam as partições de domínio, em cada domínio e as partições de esquema e configuração, sendo replicadas entre todos os controladores de domínino do site (Sem servidores de catálogo global):

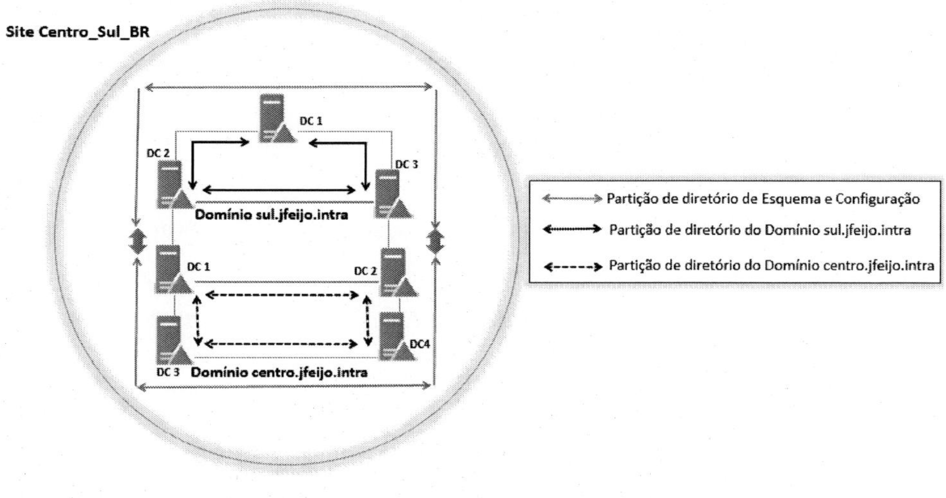

9.1.2 Melhorias no KCC para RODCs

A partir do Windows server 2008 foram implementadas algumas melhorias no KCC tendo em vista a utilização dos controladores de domínio somente leitura (RODC). A topologia de replicação do *Active Directory* normalmente utilizada, nos cenários em que há a presença dos RODCs é baseada em um design hub-and-spoke, em que os RODCs em vários sites replicam com um pequeno número de servidores bridgehead em um site de hub.

É importante destacar que no caso do RODC, a replicação é unidirecional. Ou seja, os servidores bridgehead não precisam se replicar do RODC.

Podemos destacar uma implementação importante para o processo de replicação, envolvendo o RODC, se o design do site utiliza a topologia hub-and-spoke com vários servidores bridgehead no site central e RODCs individuais localizados em filiais remotas, as conexões entre eles têm carga balanceada automaticamente, o que não acontecia anteriormente.

As configurações são ajustadas automaticamente, depois que o processo KCC em execução em cada RODC identifica um novo servidor bridgehead, baseado nas atualizações da partição de configuração.

A funcionalidade é habilitada por padrão. É possível desativá-la adicionando a seguinte chave de registro, definida no RODC:

HKEY_LOCAL_MACHINE\SYSTEM\CurrentControlSet\Services\NTDS\Parameters

"Random BH Loadbalancing Allowed" 1 = Enabled (default), 0 = Disabled

9.2 Quando ocorrem as replicações

No momento em que é concluída a gravação de uma determinada alteração na cópia local do *Active Directory*, por um controlador de domínio, um contador é inciado, a fim de determinar quando os parceiros de replicação do controlador de domínio devem ser notificados da alteração. Os intervalos que são pré-configurados determinam o início das ações que envolvem o processo de replicação, e são diferentes para cada tipo de replicação existente. Vamos ver, quais são estes intervalos e que tipo de ação está relacionado, por tipo de replicação:

9.2.1 Replicação intrasite

Por padrão, após a ocorrência, se incia um intervalo de 15 segundos, a partir do Windows Server 2003 (no Windows 2000 esse intervalo era de 300 segundos). Quando esse intervalo termina, o controlador de domínio inicia uma notificação para cada parceiro de replicação intrasite de que há alterações que precisam ser propagadas, cada controlador comunicado sofre um atraso de 3 segundos. É importante, destacar, que esses atrasos, chamados de atraso de notificação inicial e o atraso de notificação subsequente, são projetados para escalonar o tráfego de rede que a replicação intrasite pode causar.

Portanto, após o atraso, um DC parceiro é notificado de que o notificador tem uma atualização. Cabe a este parceiro DC solicitar a modificação. O DC notificador apenas notifica, ele não pressiona a mudança. Cabe ao DC notificado puxar a mudança. Além disso, todos os DCs de um site nunca estão a mais de 3 saltos de distância de todos os outros DCs devido ao KCC gerar uma topologia de anel bidirecional. Isso também garante uma convergência mais rápida dentro de um site. Outro parâmetro configurável determina o número de segundos para fazer uma pausa entre a notificação. Este parâmetro evita respostas simultâneas dos parceiros de replicação. Por padrão, esse intervalo é de 30 segundos. Ambos os intervalos podem ser modificados editando o registro.

Com relação à verificação de topologia, realizada pelo KCC, por padrão, a primeira acontece 5 minutos depois que o controlador de domínio é iniciado. O controlador de domínio então tenta a replicação inicial com seus parceiros de replicação intrasite.

Depois disso, enquanto os serviços estiverem em execução, o KCC em cada controlador de domínio verifica a topologia de replicação a cada 15 minutos e faz as alterações necessárias.

9.2.2 Replicação urgente

A replicação urgente é caracterizada pelo fato do início das notificações não aguardarem o intervalo de 15 segundos para iniciar. Ou seja, os DCs parceiros **são imediatamente notificados das mudanças, isso só é válido para DCs intrasite**s, exceto se a notificação de mudança do site estiver habilitada. Portanto, a replicação urgente não garante convergência imediata, ela afeta apenas o atraso nas notificações de alteração, os processos após o envio das notificações continuam os mesmos.

9.2.3 Replicação imediata

No caso das replicações classificadas como imediatas, não há apenas a eliminação dos intervalos de atrasos, mas nestes casos, também o controlador em que a alteração foi executada, envia a alteração para o parceiro, não esperando que o parceiro a solicite, como acontece no processo normal.

Num cenário em que um administrador redefinir a senha de um usuário, por exemplo, a alteração é imediatamente replicada para o PDC. Porque essa não é uma situação em que o PDC é notificado sobre a mudança, mas a mudança é imediatamente enviada para ele. A razão pela qual a alteração da senha é imediatamente replicada para o emulador PDC, é que se um usuário alterar sua senha e, em seguida, fizer logon imediatamente em outro DC em um site diferente, o logon provavelmente falhará, porque o outro DC ainda não teria a alteração. O *Active Directory* leva este cenário em consideração, por isso quando há uma senha inválida, o controlador passa a autenticação de volta para o emulador PDC, já que este terá uma cópia da senha mais recente. Se o emulador PDC o autenticar com êxito, o logon será processado.

9.2.4 Replicação entre sites

Diferente do que acontece entre os controladores de domínio existentes no mesmo site, as replicações entre controladores de domínio de sites diferentes obedecem a uma configuração de agendamento, onde estão definidos, em que horário é permitida a replicação e qual a frequência de replicação dentro do horário permitido. O intervalo de replicação mínimo é de 15 minutos:

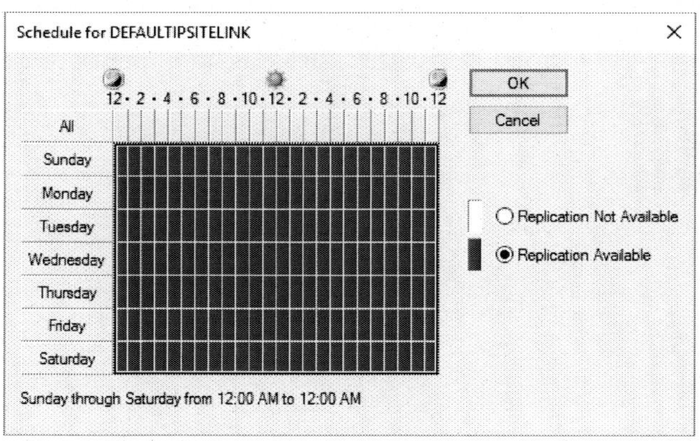

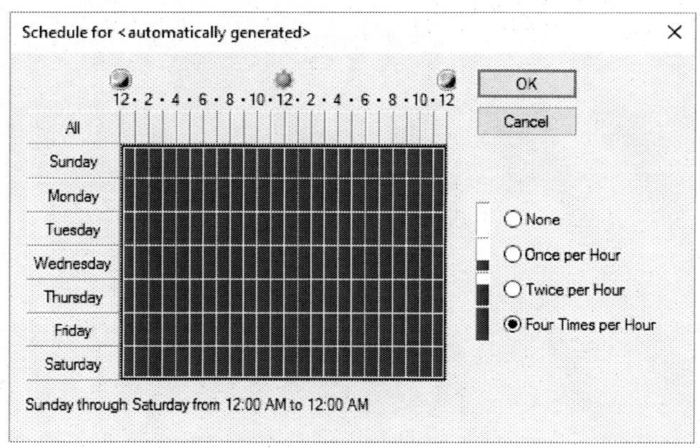

9.2.5 Replicação manual

A replicação manual é acionada pelo administrador. Isso pode ocorrer a partir do comando **repadmin** ou através da ferramenta sites e serviços do AD. Isso cruzará os cronogramas de replicação entre sites, se solicitado. Portanto, se você tiver um site de latência e a rede estiver habilitada, mesmo que seu site não esteja programado para replicar por possivelmente dias, uma replicação forçada fará com que a replicação ocorra.

9.3 Ferramentas para gerenciar as Replicações

9.3.1 Repadmin

Repadmin é uma ferramenta de linha de comando introduzida pela Microsoft no Windows Server 2003 R2 e ainda usada ativamente na versão mais recente da Microsoft, para replicar dados AD.

1. Repadmin /replsummary

Verifica a integridade da replicação atual entre os controladores de domínio. A operação "/ replsummary" resume de forma rápida e concisa o estado de replicação e a integridade relativa de uma floresta.

As informações são mostradas em duas partes - DSA de origem e DSA de destino.

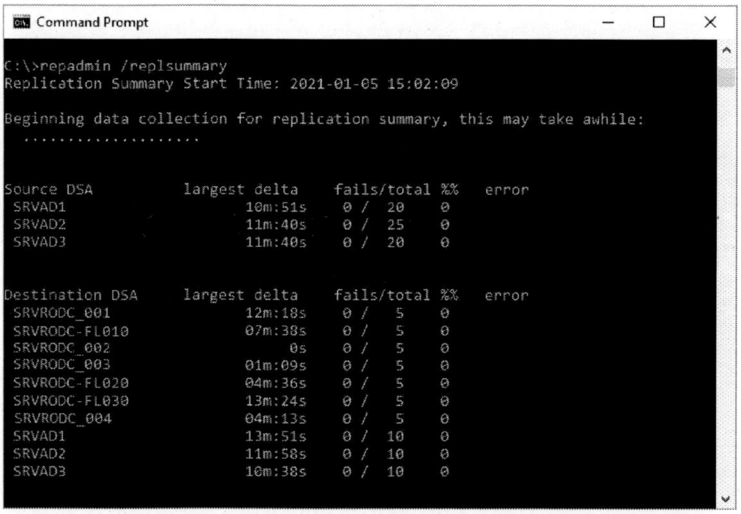

Podemos observar que os controladores de domínio completos aparecem nas duas seções (SRVAD1 – SRVAD2 – SRVAD3), isso acontece em função do *Active Directory* usar o modelo de domínio multimestre. O *Active Directory* pode ser atualizado a partir de qualquer controlador de domínio gravável, exceto o controlador de domínio somente leitura. O RODC seria listado apenas na seção DSA de destino.

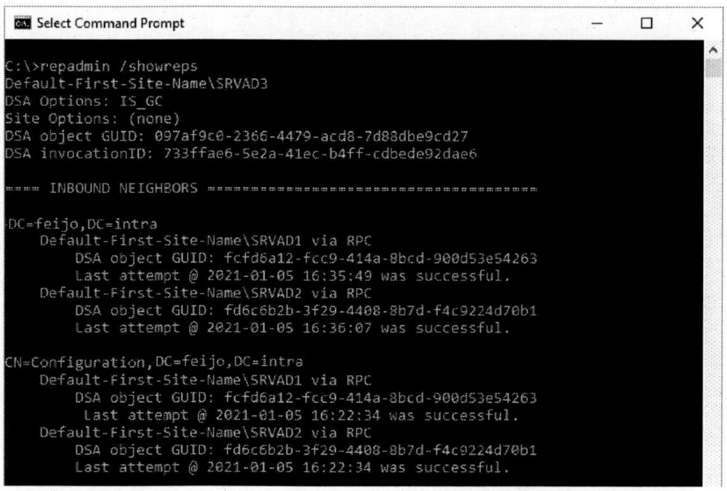

2. Repadmin /Showrepl

Exibe o status de replicação quando o controlador de domínio especificado tentou pela última vez implementar a replicação de entrada de partições do *Active Directory*. Ajuda a descobrir a topologia de replicação e a falha de replicação.

3. Repadmin /syncall

Sincroniza um determinado controlador de domínio com todos os seus parceiros de replicação. A execução deste comando em um ambiente de médio e grande porte pode resultar em uma carga excessiva na rede já que ele replica à força os objetos do *Active Directory* entre todos os controladores de domínio, o que leva a uma carga excessiva na rede e pode resultar em congestionamento da rede.

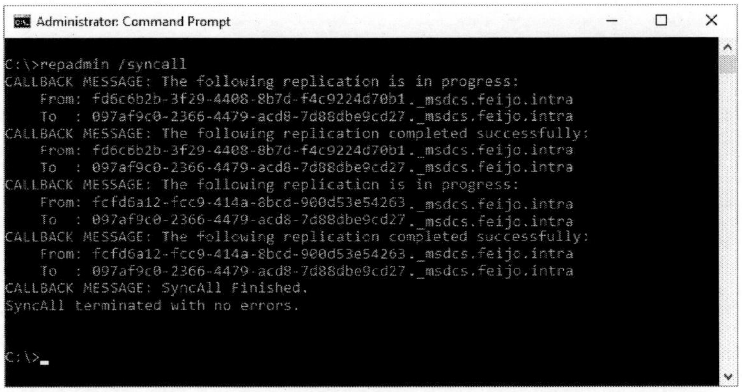

9.3.2 PowerShell

Apartir do Windows Server 2012, a Microsoft diponibilizou **vários cmdlets do PowerShell,** que permitem que possamos verificar o status de replicação do *Active Directory.* Os cmdlets pertencem ao módulo *Active Directory PowerShell.*

A capacidade de apresentar a saída como um objeto é a principal vantagem dos cmdlets de replicação do PowerShell em comparação com a ferramenta Repadmin.

1. Get-ADReplicationFailure

Ele recupera todas as falhas recentes conhecidas para todos ou para controladores de domínio específicos do *Active Directory.* Obtem informações sobre a falha de replicação para um servidor, site, domínio ou floresta do *Active Directory* especificado.

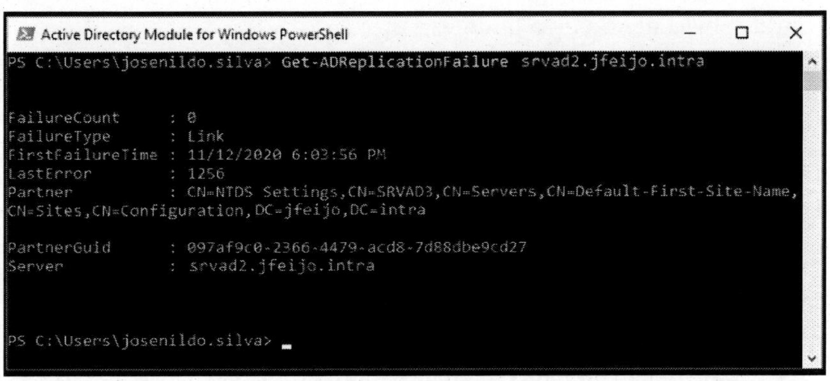

No comando a seguir foi definido um escopo, o site Default-First-Site-Name, que retornará o status de replicação de todos os controladores de domínio, com o resultado em tabela:

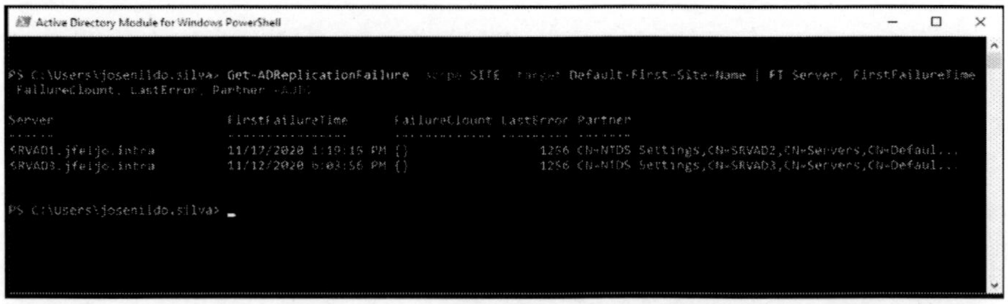

O valor retornado pelo parâmetro **LastError** pode ser decodificado executando o comando NET HELPMSG.

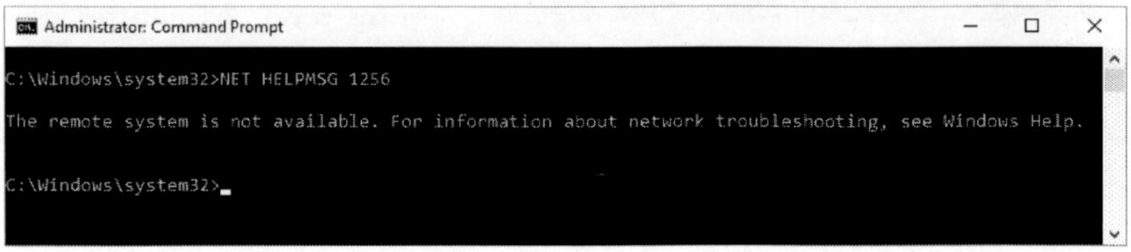

Segue a tabela com os códigos e respectivos motivos de alguns dos erros de replicações:

Código de erro de replicação	Motivo
8464	Esse problema ocorre porque a sincronização do conjunto de atributos parcial (PAS) é disparada quando um atributo é adicionado ao PAS.
8477	Este código é informativo e representa uma operação de replicação normal do *Active Directory*. Ele indica que a replicação está em andamento da origem e ainda não foi aplicada à réplica de banco de dados do controlador de domínio de destino.
8418	Tenta replicar o *Active Directory* quando as informações de esquema não são consistentes entre os parceiros de controlador de domínio envolvidos resultam em um status de erro de incompatibilidade de esquema. Este sintoma se manifesta de várias maneiras. A causa subjacente do erro pode variar.
1908	Este erro tem duas causas primárias: • O controlador de domínio de destino não pode entrar em contato com um centro de distribuição de chaves (KDC). • O computador está apresentando erros relacionados ao Kerberos.
8333	Este erro tem várias causas. Exemplos: • Corrupção do banco de dados, com erros associados adicionais registrados no log de eventos do controlador de domínio de origem • Objetos remanescentes com erros associados registrados • Objetos Conflict • Um processo de terceiros

8589	Esse erro ocorre com mais frequência em um controlador de domínio após um parceiro de replicação ter o *Active Directory* reforçado e, em seguida, repromovido antes que a replicação de ponta a ponta possa ser concluída. Esse erro também pode ocorrer quando você renomeia um controlador de domínio e o atributo serverReference não é atualizado.
1818	O problema ocorre quando o controlador de domínio de destino que executa a replicação de entrada não recebe alterações de replicação dentro do número de segundos especificado na chave do registro de tempo limite de replicação RPC.
8446	Este erro pode ocorrer quando o mecanismo de replicação do *Active Directory* não pode alocar memória para executar a replicação do *Active Directory*.
8240	Esse erro indica que o objeto específico não pôde ser encontrado no diretório. Esse erro pode ser encontrado nas seguintes situações: • Durante a replicação do AD • Relatado 8240 no evento 1126 (NTDS)
8451	Status 8451: a operação de replicação encontrou um erro de banco de dados, pode ter várias causas. Consulte o artigo da base de conhecimento relacionado na terceira coluna.

2. Get-ADReplicationPartnerMetadata

O cmdlet Get-ADReplicationPartnerMetadata permite visualizar os metadados de replicação de um parceiro de replicação. Ele permite que possamos examinar com mais detalhes os problemas que Get-ADReplication-Failure possa ter retornado.

Informações como LastChangeUSN, se as compressões estão habilitadas ou não, a última data e hora em que a tentativa de replicação foi feita e a última data e hora em que a replicação foi bem-sucedida.

A seguir podemos ver o resultadodo cmdlet Get-ADReplicationPartnerMetadata, para o servidor SRVAD1:

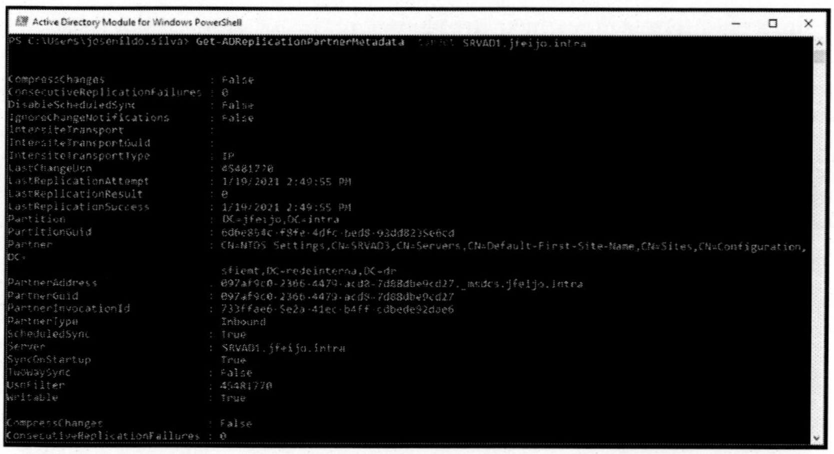

3. Get-ADReplicationAttributeMetadata

O cmdlet Get-ADReplicationAttributeMetadata mostra o atributo e os metadados de replicação para um objeto específico do *Active Directory*.

Os cmdlets anteriores mostraram estatísticas gerais de replicação. Este é um cmdlet útil que nos permite mergulhar nos próprios objetos.

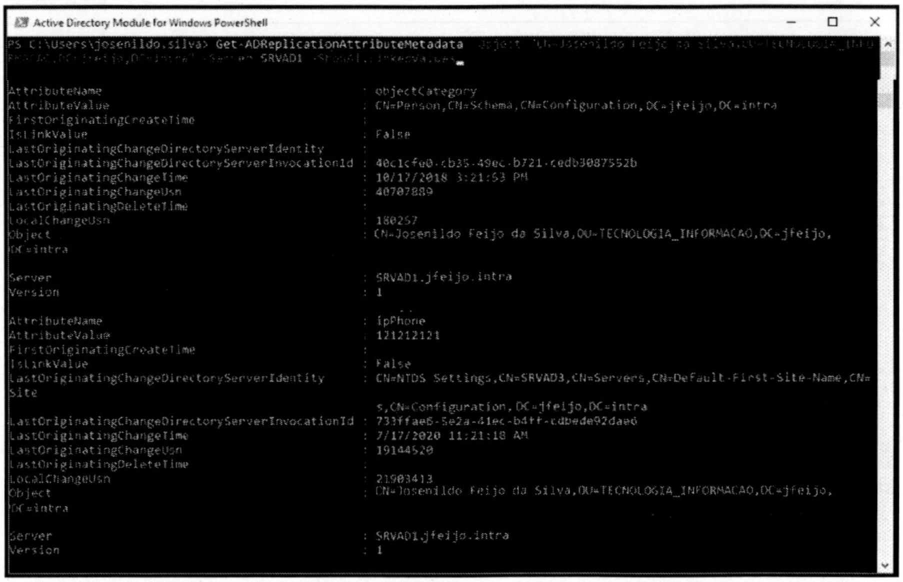

O comando acima mostra os metadados de replicação do objeto "Josenildo Feijo da Silva". O parâmetro **ShowAllLinedValues** instrui o comando a retornar todos os valores vinculados.

4. Sync-ADObject

O cmdlet Sync-ADObject oferece a capacidade de ignorar quaisquer intervalos regulares de replicação e forçar a replicação para um único objeto. Esta capacidade pode ser muito útil, caso seja necessário replicar um objeto imediatamente, bem como para tentar identificar problemas no processo de replicação.

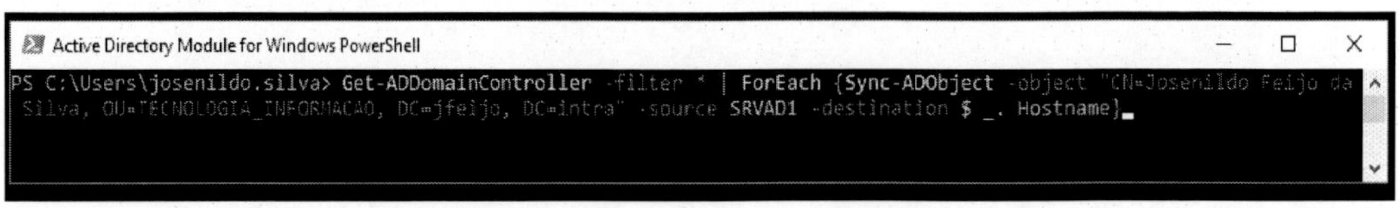

O comando acima replicará o objeto "Josenildo Feijo da Silva", para todos os controladores de domínio.

9.3.3 Active Directory Replication Status Tool

Para utilizar a ferramenta de status de replicação do *Active Directory*, é necessário fazer o download do **adreplstatusInstaller.msi**, do site da Microsoft, na url: **https://www.microsoft.com/en-us/download/details.aspx?id=30005**

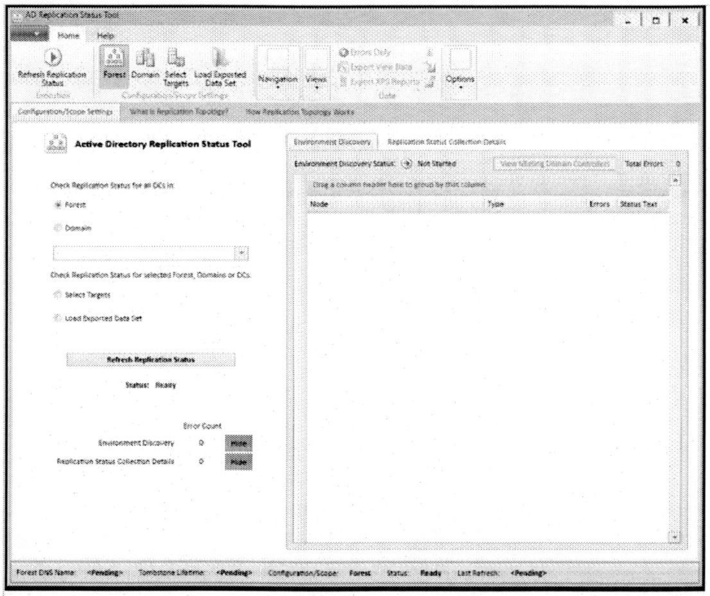

Após concluir a instalação e executar o AD Replication Status Tool 1.0, a tela inicial é apresentada, conforme imagem a seguir:

Na ferramenta é possível verificar o status de replicação, em todos os controladores de domínio, do domínio ou da floresta, ou selecionar um específico. Além de consultar documentação sobre como trabalha a topologia de replicação.

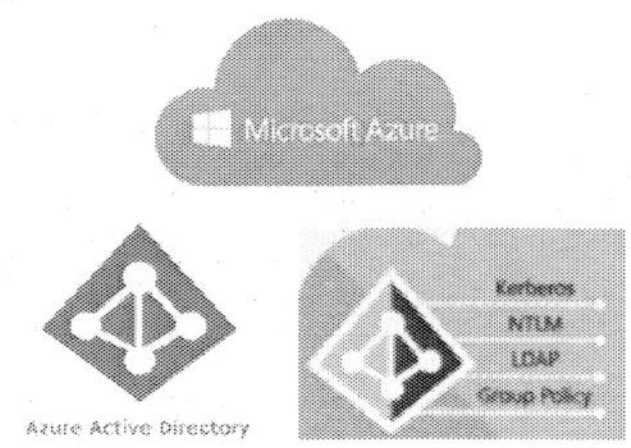

Capítulo 10

Introdução ao *Azure Active Directory* e ao *Azure AD Domain Services*

10.1 Cloud Computing

A cloud computing, conhecida no Brasil como computação nas nuvens ou computação em nuvem, se refere, essencialmente, a disponibilidade sob demanda de recursos do sistema de computador, especialmente armazenamento de dados e capacidade de computação, por empresas denominadas de provedores de nuvens, em que o cliente só paga pelo recurso que for usado.

Neste cenário, é importante destacar que o provedor é responsável pelo hardware físico necessário para executar seu trabalho, assim como por manter o ambiente atualizado e seguro.

Se considerarmos que um ambiente estruturado na nuvem permite que utilizemos em qualquer lugar e independente de plataforma as mais variadas aplicações por meio da internet com a mesma facilidade de tê-las instaladas em computadores locais, possamos explicar, em parte, o porquê do crescimento na adoção, pelas empresas de adotarem as soluções em nuvem.

10.1.1 Modelos de Implantação em Nuvem

A definição do modelo de nuvem que será utilizado tem impactos importantes sobre os serviços que são oferecidos, já que um modelo de implantação na nuvem define desde o local em que os dados são armazenados até a questão de interação dos clientes, como eles acessam os aplicativos. Existem três modelos de implantação de nuvem:

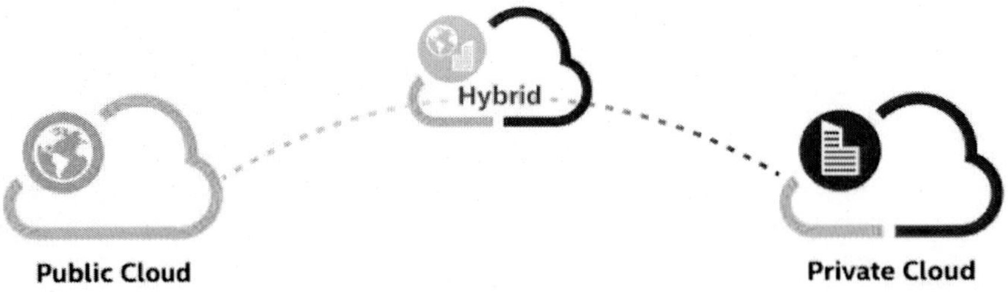

10.1.1.1 Private Cloud (Nuvem Privada)

O que caracteriza a nuvem privada é que o ambiente da nuvem está hospedado em uma infraestrutura já existente, ou nova de uma determinada organização, que fornecerá serviços de forma dedicada às necessidades e objetivos desta mesma organização. Desta forma, a organização, em questão, permanece completamente responsável pela compra e manutenção do hardware e dos serviços de software que fornece.

É importante destacar que quando implementada de forma correta, a nuvem privada pode disponibilizar a maioria dos recursos, disponíveis na nuvem pública, tais como: capacidade de disponibilizar máquinas virtuais, bem como otimizar outros recursos computacionais sob demanda, e prover autoatendimento e escalabilidade do usuário.

As nuvens privadas são as escolhas mais frequentes realizadas pelas corporações, nos casos em que envolvam, por exemplo, risco de hospedar uma carga de trabalho de missão crítica na nuvem pública, em função de questões de segurança ou que incluam limites legais, por parte de regulamentações que envolvam uma determinada organização.

10.1.1.2 Public Cloud (Nuvem Pública)

O Gartner, um dos maiores institutos americanos de pesquisa e consultoria, define computação em nuvem pública como um estilo de computação em que recursos escaláveis e elásticos são fornecidos como um serviço para clientes externos usando tecnologias da Internet.

Esse é atualmente o modelo de implantação mais utilizado, isso muito pelo fato de que, nesse modelo, não existe nenhum hardware local para gerenciar ou manter atualizado – tudo é executado no hardware do provedor em nuvem.

Uma outra característica importante da nuvem pública, são os serviços de computação oferecidos pelos provedores que administram a nuvem, que estão disponíveis para qualquer pessoa ou empresa, seja de forma gratuita ou paga, sob demanda, aliás esse é um grande diferencial dos serviços, ou seja a medida que é preciso de mais recursos (ciclos de CPU, armazenamento, por exemplo) basta apenas contratar, de forma quase instantânea; da mesma forma, caso em determinado momento, recursos estejam sem ser utilizados, podem ser cortados, permitindo que os clientes paguem apenas pelo que consomem realmente.

Se compararmos com os custos relacionados com as nuvens privadas, as nuvens públicas podem livrar as empresas dos altos custos de compra, gerenciamento e manutenção de hardware e aplicativos locais – pois nesse cenário o provedor de serviços em nuvem é o responsável por todo o gerenciamento e manutenção do sistema, provendo uma plataforma robusta e escalável.

Há uma vasta quantidade de serviços pagos para uso comercial, oferecidos pelos provedores através das suas nuvens públicas, que são distribuídos basicamente dentro de três categorias principais: **Iaas, SaaS e PaaS**.

10.1.1.2.1 IaaS (infraestrutura como serviço)

Do inglês, "**Infrastructure as a service**", o IaaS é uma das categorias principais de serviços oferecidos que podem ser adotados por uma organização. Ela tem como objetivo oferecer controle total sobre o hardware que executa o aplicativo (servidores de infraestrutura de TI e VMs (máquinas virtuais), armazenamento, redes e sistemas operacionais), basicamente, seria a migração do Data Center local, parcialmente ou integralmente para um Data Center na nuvem.

Conhecido como modelo de responsabilidade compartilhada a IaaS, tem o provedor de nuvem como responsável por garantir que a infraestrutura de nuvem esteja funcionando corretamente enquanto que a organização cliente é responsável por garantir que o serviço usado esteja configurado corretamente, atualizado e disponível para seus clientes.

É importante destacar a característica de escalabilidade da nuvem, que com a IaaS, é completa. Não há desperdício de investimento com recursos ociosos nem a necessidade de altos capitais para investir em infraestrutura, manutenção ou mão de obra especializada.

Cenários indicados para o uso da IaaS:

- **Teste e desenvolvimento.** Ambientes que são montados para uso, por um período de tempo pequeno, mas que podem precisar de uma carga de recursos computacionais alta, a IaaS possibilita este cenário, tornando o desenvolvimento em escala e os ambientes de teste mais rápidos e econômicos.

- **Armazenamento, backup e recuperação.** Com a IaaS é possível gerenciar demandas inesperadas e complexas de armazenamentos, que normalmente estão associadas a requisitos legais, além de comportar um crescimento constante dos dados do cliente.

10.1.1.2.2 PaaS (plataforma como serviço)

A Platform as a Service – PaaS, é um serviço especializado, com o objetivo de disponibilizar aos clientes um ambiente destinado à criação, simulação e implantação de aplicativos, sem a preocupação em gerir a infraestrutura associada, nem servidores, storages, sistemas operacionais e suas respectivas atualizações, tudo estará pronto, para que o foco do cliente sejam as etapas de desenvolvimento das suas aplicações.

Diante disso, podemos concluir que o PaaS é um ambiente de desenvolvimento e implantação completo na nuvem, que pode fornecer aos desenvolvedores um ambiente perfeito, com os recursos necessários, escalabilidade, segurança e alta disponibilidade.

10.1.1.2.3 SaaS (software como serviço)

O **Software as a Servic**e – SaaS fornece um ambiente completo para hospedar e gerenciar um software de forma centralizada, para um cliente. Nesse cenário, uma versão do aplicativo é usada para todos os clientes finais e licenciada por meio de uma assinatura mensal ou anual.

Ou seja, desta forma o cliente final não tem a necessidade de um investimento maior na compra de licenças definitivas do produto, mas sim, o direito de usufruir do serviço oferecido, o que na maioria dos casos, representa um investimento muito menor.

Para o proprietário do software, disponibilizar um produto no formato SaaS é uma forma de distribuir uma solução tecnológica de uma forma mais acessível e segura.

São exemplos de softwares consumidos no formato SaaS:

- Microsoft Office 365
- Netflix
- Spotify

São características da plataforma SaaS:

- Custos iniciais reduzidos;
- Alta acessibilidade;
- Segurança

Podemos concluir, diante o que o modelo SaaS como sendo um serviço na nuvem que fornece uma solução de software completa que pode ser adquirida através de assinaturas mensais ou anuais pelo cliente final. Toda a infraestrutura necessária, middleware, software de aplicativo e dados de aplicativo ficam no datacenter do provedor de serviços. O provedor de serviço gerencia hardware e software e garante a disponibilidade e a segurança do aplicativo e de seus dados.

Um comparativo detalhado em IaaS, PaaS e SaaS

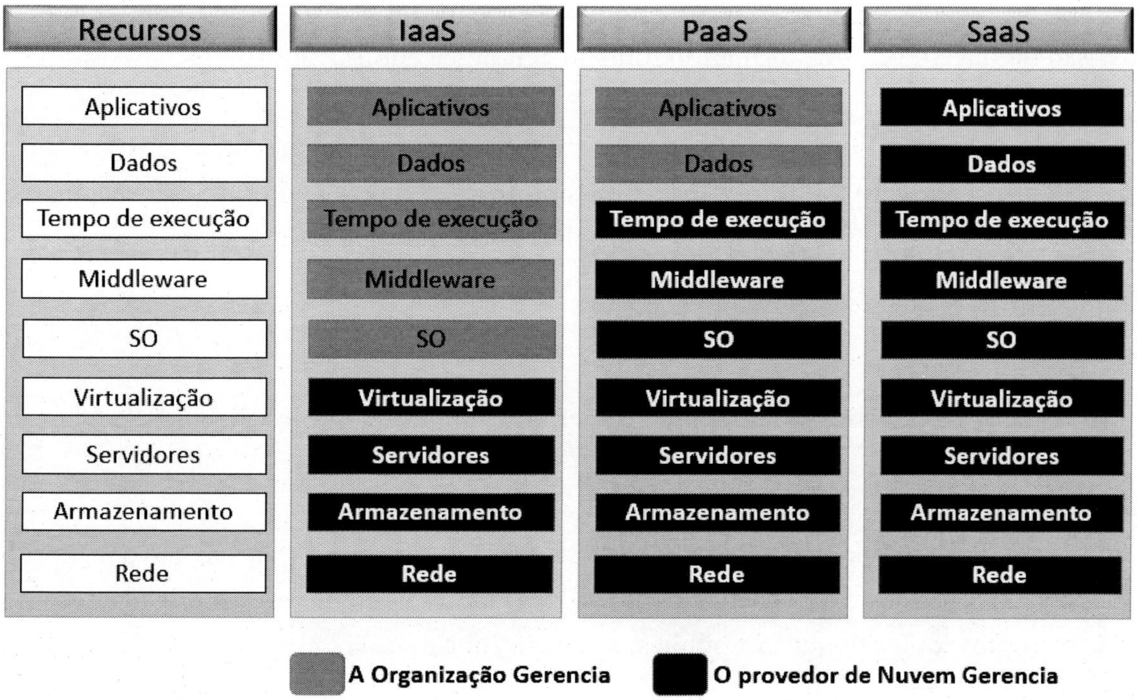

Como síntese do que já foi apresentado, podemos concluir que:

- A IaaS exige o maior nível de gerenciamento por parte do usuário entre todos os serviços de nuvem. Ou seja, o usuário é responsável por gerenciar os sistemas operacionais, os dados e os aplicativos.
- No caso do PaaS o provedor de nuvem gerencia os sistemas operacionais e o usuário é responsável pelos aplicativos e dados que executa e armazena.
- Já o SaaS exige o menor nível de gerenciamento. O provedor de nuvem é responsável por gerenciar tudo, e o usuário final apenas usa o software.

10.1.1.3 Hybrid Cloud (Nuvem híbrida)

A nuvem híbrida se caracteriza pela utilização, na organização, das nuvens privadas e públicas combinadas, desta forma é possível orientar a carga de trabalho nos dois ambientes. Com isso, um cenário em que um determinado site está hospedado na nuvem pública e vinculado a um banco de dados instalado na nuvem privada, seria perfeitamente possível.

Observe que, no modelo de nuvem híbrida, temos a nuvem pública se comportando como se fosse uma extensão da nuvem privada, formando uma nuvem única e uniforme.

Um dos cenários em que a nuvem híbrida pode ser a melhor escolha é quando a demanda de computação varia muito, nesse caso a nuvem híbrida possibilita que seja realizado um dimensionamento da infraestrutura local até a nuvem pública para absolver qualquer pico de demanda. Como resultado a um claro ganho de flexibilidade ao direcionar o poder de computação da nuvem pública para tarefas de computação básicas, enquanto mantêm aplicativos e dados críticos aos negócios na nuvem privada.

Desta forma, todos os benefícios da computação em nuvem, tais como escalabilidade e eficiência de custos, estão garantidos.

Mas como "nem tudo são flores", apesar de seus benefícios, a computação em nuvem híbrida pode apresentar desafios técnicos e de gerenciamento. Cargas de trabalho de nuvem privada devem acessar e interagir com provedores de nuvem pública, a nuvem híbrida exige alto nível de compatibilidade e conectividade de rede robusta.

10.2 Azure *Active Directory*

O *Azure Active Directory*, ou Azure AD ou simplesmente AAD é o serviço de gerenciamento de acesso e identidade baseado em nuvem da Microsoft.

Azure Active Directory é um repositório de autenticação online seguro, que pode conter usuários e grupos. O AAD permite a criação de usuários, grupos e aplicativos que funcionam com mecanismos modernos de autenticação, tais como SAML-P, WS-Federation e OAuth 2.0.

Todos os serviços do Microsoft Cloud usam o Azure AD para autenticação: Office 365, Dynamics 365 e Azure.

Mas, além disso, ao desenvolver aplicativos em nuvem, é possível utilizar o Azure AD para realizar tarefas como logon único (SSO) para seus aplicativos em nuvem, consultar o diretório em busca de informações sobre usuários e grupos e até gravar no diretório, desde que seu aplicativo tenha as permissões para fazer isso.

Então podemos afirmar que o Azure AD permite aos usuários corporativos conectarem e acessarem os recursos em:

- Recursos externos, como o Microsoft 365, o portal do Azure e milhares de outros aplicativos SaaS (por exemplo, Salesforce, Slack, ZenDesk etc.) usando um único logon.
- Recursos internos, como aplicativos em sua rede corporativa e intranet, juntamente com outros aplicativos de nuvem desenvolvidos por sua organização.

O gráfico a seguir ilustra como o Azure Active:

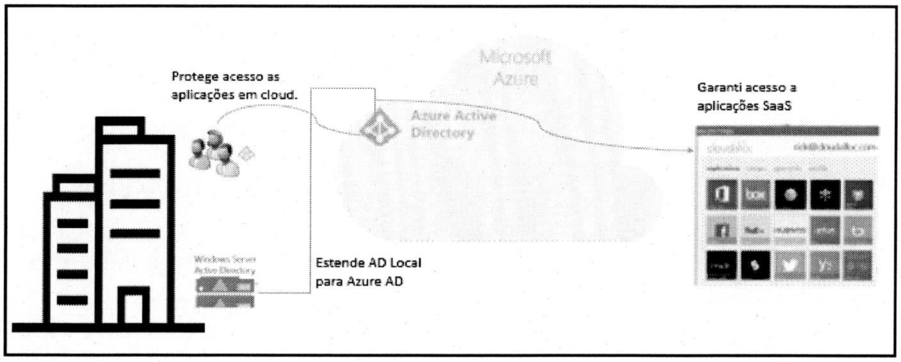

O Azure AD, portanto, é um provedor de autenticação novo e moderno e apesar do nome nos remeter ao nosso querido *Active Directory* local, ele não é simplesmente a versão do AD DS na nuvem, como alguns possam considerar, é um serviço diferente, mais adiante iremos fazer um comporativo esclarecedor e definitivo entre os serviços.

É importante conhecermos alguns termos e conceitos relacionados com o Azure AD:

Termo ou conceito	Descrição
Identidade	Um item que possa ser autenticado. Uma identidade pode ser um usuário com um nome de usuário e senha. Identidades também incluem aplicativos ou outros servidores que podem exigir a autenticação por meio de certificados ou chaves secretas.
Conta	Uma identidade que tenha dados associados a ela. Você não pode ter uma conta sem uma identidade.

Conta do AD do Azure	Uma identidade criada no Azure AD ou por outro serviço de nuvem da Microsoft, como o Microsoft 365. As identidades são armazenadas no Azure AD e podem ser acessadas pelas assinaturas do serviço de nuvem da organização. Às vezes, essa conta é chamada de conta corporativa ou de estudante.
Administrador de conta	Essa função clássica de administrador de assinatura é, conceitualmente, o proprietário para cobrança de uma assinatura. Essa função tem acesso ao Centro de Contas do Azure e permite que você gerencie todas as assinaturas em uma conta.
Administrador de serviços	Essa função clássica de administrador de assinatura permite que você gerencie todos os recursos do Azure, incluindo o acesso. Essa função tem o acesso equivalente ao de um usuário que recebe a função de Proprietário no escopo da assinatura.
Proprietário	Essa função ajuda você a gerenciar todos os recursos do Azure, incluindo o acesso. Essa função está inserida em um sistema de autorização mais recente chamado de RBAC (controle de acesso baseado em função) do Azure, que fornece gerenciamento de acesso refinado aos recursos do Azure.
Administrador Global do Azure AD	Essa função de administrador é automaticamente atribuída a quem criou o locatário do Azure AD. Os Administradores globais podem executar todas as funções administrativas do Azure AD e de todos os serviços federados ao Azure AD, como o Exchange Online, o SharePoint Online e o Skype for Business Online. Você pode ter vários administradores globais, mas, somente os administradores globais podem atribuir funções de administrador (incluindo a atribuição de outros administradores globais) aos usuários. Observe que essa função de administrador é chamada de Administrador global no portal do Azure, mas tem o nome de Administrador da empresa na API do Microsoft Graph e no Azure AD PowerShell.
Assinatura do Azure	Usada para pagar pelos serviços de nuvem do Azure. Você pode ter várias assinaturas, e elas estarão vinculadas a um cartão de crédito.
Locatário do Azure	Uma instância dedicada e confiável do Azure AD criada automaticamente quando sua organização se inscreve em uma assinatura do serviço de nuvem da Microsoft, como do Microsoft Azure, do Microsoft Intune ou do Microsoft 365. Um locatário do Azure representa uma única organização.
Locatário único	Locatários do Azure que acessem outros serviços em um ambiente dedicado são considerados locatários únicos.
Multilocatário	Locatários do Azure que acessam outros serviços em um ambiente compartilhado em várias organizações são considerados multilocatários.
Diretório do AD do Azure	Cada locatário do Azure tem um diretório do Azure AD dedicado e confiável. O diretório do Azure AD inclui usuários, grupos e aplicativos do locatário e é usado para executar as funções de identidade e gerenciamento de acesso aos recursos de locatário.

Domínio personalizado	Todo diretório novo do Azure AD vem com um nome de domínio inicial, nomededomínio.onmicrosoft.com. Além do nome inicial, você também pode adicionar à lista os nomes de domínio de sua organização, que incluem os nomes que você usa para fazer negócios e que seus usuários usam para acessar recursos da organização. Adicionar nomes de domínio personalizados ajuda você a criar nomes de usuário com os quais seus usuários estejam familiarizados.

De conhecimento dos termos e conceitos do Azure AD, teremos condições de entender os principais recursos existentes na plataforma:

Recursos	**Descrição**
Gerenciamento de aplicativos	Gerencie seus aplicativos de nuvem e locais usando o Proxy de Aplicativo, o logon único, o portal Meus aplicativos (também conhecido como Painel de acesso) e aplicativos SaaS (software como serviço).
Autenticação	Gerencie a redefinição de senha por autoatendimento do *Azure Active Directory*, a Autenticação Multifator, a lista personalizada de senhas banidas e o bloqueio inteligente.
Azure Active Directory para desenvolvedores	Crie aplicativos que aceitem todas as identidades da Microsoft, obtenha tokens para chamar o Microsoft Graph, outras APIs da Microsoft ou APIs personalizadas.
B2B (Entre empresas)	Gerencie usuários convidados e parceiros externos enquanto mantém o controle sobre seus próprios dados corporativos.
B2C (Entre empresa e consumidor)	Personalize e controle como os usuários se inscrevem, entram e gerenciam seus perfis ao usar os aplicativos.
Acesso Condicional	Gerencie o acesso a seus aplicativos de nuvem.
Gerenciamento de dispositivo	Gerencie como os dispositivos de nuvem ou locais acessam seus dados corporativos.
Identidade híbrida	Use o *Azure Active Directory* Connect e o Connect Health para fornecer uma identidade de usuário única para autenticação e autorização de todos os recursos, independentemente da localização (nuvem ou local).
Governança de identidade	Gerencie a identidade da organização por meio de controles de acesso de funcionário, parceiro de negócios, fornecedor, serviço e aplicativo.

Destes recursos apresentados na tabela acima, vamos destacar o processo de **autenticação** do *Azure Active Directory*.

No *Azure Active Directory*, a autenticação vai muito além da tradicional verificação de um nome de usuário e uma senha, inclui tembém os seguintes componentes:

- Autenticação multifator do Azure AD
- Integração híbrida para imposição de políticas de proteção de senha em um ambiente local
- Autenticação sem senha

Destes componentes citados, podemos destacar a Autenticação Multifator do Azure AD, onde os usuários podem escolher uma forma adicional de autenticação durante a conexão, como uma chamada telefônica ou uma notificação de aplicativo móvel.

A Autenticação Multifator do Azure AD funciona exigindo dois ou mais dos seguintes métodos de autenticação:

- **Algo que você sabe**, normalmente, uma senha.
- **Algo que você tem**, como um dispositivo confiável que não seja facilmente duplicado, como um telefone ou uma chave de hardware.
- **Algo que você é**: uma biometria, como uma impressão digital ou uma verificação facial.

As seguintes formas adicionais de verificação podem ser usadas com a autenticação multifator do Azure AD:

- Aplicativo Microsoft Authenticator
- Token OATH de hardware
- SMS
- Chamada de voz

10.3 Azure Active Directory Domain Services

Os Serviços de Domínio *Active Directory* do Azure (Azure AD DS) fornecem serviços de domínio gerenciado, como ingresso no domínio, política de grupo, protocolo LDAP e autenticação Kerberos/NTLM, isso deve lhe parecer familiar.

Um domínio gerenciado do **Azure AD DS** permite que sejam executados aplicativos herdados na nuvem que não podem usar métodos de autenticação modernos, como os utilizados pelo **Azure Active Directory - AAD**.

Como parte de uma estratégia bem-sucedida, o **Azure AD DS** se integra ao Azure AD e, quando sincronizado com um ambiente **AD DS local**, permite que identidades locais possam ser estendidas para execução no Azure, como usar grupos e contas de usuário para proteger o acesso aos recursos.

10.3.1 Como funciona o Azure AD DS?

O processo inicial para criar um domínio gerenciado do Azure AD DS é relativamente simples, e o primeiro passo é definir um namespace exclusivo. Esse namespace é o nome de domínio, como aaddsjfeijo.com. Dois controladores de domínio do Windows Server são então implementados na sua região do Azure selecionada, processo esse conhecido como conjunto de réplicas.

Uma característica importante a se destacar sobre os controladores de domínios criados no processo, é que o gerenciamento, as configurações necessárias e aplicação de patchs, incluindo backup e monitoramento, são realizados pela plataforma do Azure.

Com relação ao funcionamento de um domínio gerenciável, podemos ainda destacar algumas características importantes:

- Um domínio gerenciado é configurado para realizar uma **sincronização unidirecional** no Azure AD para dar acesso a um conjunto central de usuários, grupos e credenciais;

- É possível **criar recursos diretamente no domínio gerenciado**, mas eles não são sincronizados com o Azure AD.

- O domínio gerenciado é um **domínio autônomo**. Não é uma extensão de um domínio local. Se necessário, você poderá criar relações de confiança de floresta de saída unidirecionais do Azure AD DS para um ambiente do AD DS local.

Na figura a seguir, podemos ver o esquema de sincronização no Azure AD Domain Services com o Azure AD e o AD DS local usando o AD Connect:

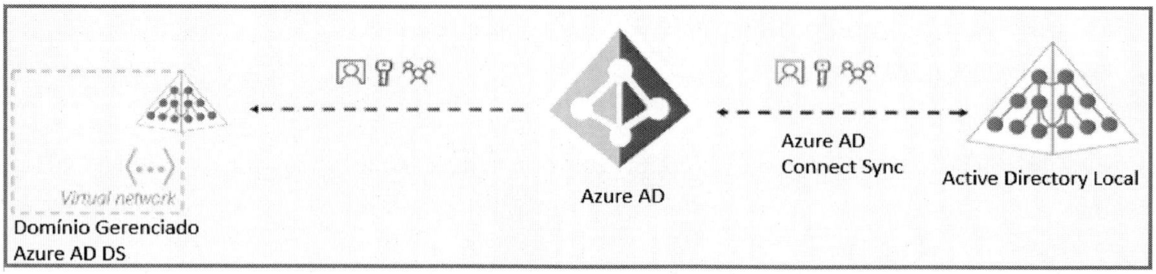

Em um ambiente híbrido com um ambiente local do AD DS, o Azure AD Connect sincroniza as informações de identidade com o Azure AD, que, por sua vez, é sincronizado com o domínio gerenciado.

10.3.2 Benefícios e Recursos do Azure AD DS

O Azure AD DS é totalmente compatível com um ambiente tradicional do AD DS para operações como:

- Ingresso em domínio;
- LDAPS (LDAP Seguro);
- Política de Grupo;
- Gerenciamento de DNS;
- Associação LDAP e suporte de leitura.

Segundo documentação da Microsoft, estes são recursos do Azure AD DS que simplificam as operações de implantação e o gerenciamento:

- **Experiência de implantação simplificada**: O Azure AD DS é habilitado para o locatário do Azure AD usando um assistente único no portal do Azure.

- **Integrado ao Azure AD**: Contas de usuário, associações de grupo e credenciais estão automaticamente disponíveis no locatário do Azure AD. Novos usuários, grupos ou alterações em atributos no locatário do Azure AD ou no ambiente local do AD DS são automaticamente sincronizados com Azure AD DS.

- Contas em diretórios externos vinculadas ao Azure AD não estão disponíveis no Azure AD DS. As credenciais não estão disponíveis para esses diretórios externos, portanto, não podem ser sincronizadas em um domínio gerenciado.

- **Use suas senhas/credenciais corporativas**: as senhas de usuários no Azure AD DS são iguais às de seu locatário do Azure AD DS. Os usuários podem usar as credenciais corporativas para ingressar em computadores no domínio, entrarem interativamente ou pela área de trabalho remota e autenticar em relação ao domínio gerenciado.

- **Autenticação Kerberos e NTLM**: Com a compatibilidade com a autenticação NTLM e Kerberos, é possível implantar aplicativos que usam a autenticação integrada do Windows.

- **Alta disponibilidade**: O Azure AD DS tem vários controladores de domínio, que oferecem alta disponibilidade para seu domínio gerenciado. Essa alta disponibilidade garante o tempo de atividade e a resiliência a falhas.

10.4 AD DS Local X AAD DS X AAD

É essencial entender as diferenças entre as três soluções de identidade, que compartilham um sobrenome nobre, *Active Directory*, mas foram projetadas para fornecer serviços que atendam a diferentes demandas dos clientes, com tecnologias e recursos que devem ser levados em conta no momento de mudança de cenário local para nuvem.

AD DS	Azure AD	Azure AD DS
Servidor de protocolo LDAP pronto para empresas que fornecem recursos importantes como identidade e autenticação, gerenciamento de objetos de computador, política de grupo e relações de confiança.	Gerenciamento de identidades e dispositivo móvel baseado em nuvem que fornece serviços de autenticação e de conta de usuário para recursos como o Microsoft 365, o portal do Azure ou aplicativos SaaS.	Um domínio gerenciado do **Azure AD DS** permite que sejam executados aplicativos herdados na nuvem que não podem usar métodos de autenticação modernos, como os utilizados pelo **Azure Active Directory - AAD**.
A equipe de TI precisa gerenciar, aplicar patch ou monitorar os controladores de domínio.	Você não pode conectar um servidor a ele.	No processo incial de criação, dois DCs são implementados na sua região do Azure selecionada. O gerenciamento, as configurações necessárias e aplicação de patchs, incluindo backup e monitoramento são realizados pela plataforma do Azure.

Política de Grupo ou Objetos de Política de Grupo (GPO's).	Não usa Política de Grupo ou Objetos de Política de Grupo (GPOs).	Oferece suporte a políticas de grupo. No entanto, não há replicação de GPO no local; você deve recriar as políticas necessárias no serviço de diretório gerenciado.
Autenticação de domínio usando Kerberos e NTLM	Não usa Kerberos para autenticação. Em vez disso, ele pode usar vários protocolos HTTP e HTTPS, como Security Assertion Markup Language (SAML), WS-Federation e OpenID Connect para autenticação (e OAuth para autorização).	Fornecem um serviço de domínio gerenciado com um subconjunto de recursos AD DS tradicionais, totalmente compatíveis, como associação de domínio, política de grupo, LDAP e autenticação Kerberos / NTLM
Estrutura de UO personalizada. Extensões de esquema	É uma estrutura de diretório simples - sem UOs ou Florestas	Estrutura de UO personalizada.
Secure LDAP (LDAPS). LDAP read. LDAP write	Não pode ser consultado com LDAP. Em vez disso, ele usa a API REST sobre HTTP ou HTTPS.	Secure LDAP (LDAPS). LDAP read. LDAP write (Dentro do domínio gerenciado)

Podemos chegar a algumas conclusões baseadas nos recursos e características que listamos nas páginas anteriores:

- O AADDS oferece uma experiência totalmente compatível com um subconjunto de recursos do *Active Directory*. Dependendo de seus aplicativos, eles podem continuar em execução na nuvem sem nenhuma modificação. Por ser um serviço de diretório gerenciado é altamente disponível os DCs e o backup dos AADDS será feito automaticamente.

- O Azure AD não é simplesmente uma versão do AD DS na nuvem, definitivamente eles fazem coisas bem diferentes. O AD DS é excelente no gerenciamento de infraestrutura e aplicativos tradicionais locais. O Azure AD é excelente para gerenciar o acesso do usuário a aplicativos em nuvem. Podemos utilizar os dois ao mesmo tempo ou, isoladamente um ou outro, dependendo do cenário pretendido ser exclusivamente na nuvem ou inteiramente On-Premises.

Por fim, não é uma questão simplesmente de certo e errado, utilizar uma ou outra solução, o que será determinante são as exigências que o cenário de mudança impõe.

Bem amigos e amigas,

Chegamos ao final do nosso mergulho profundo, ao Serviço de Domínio *Active Directory*. Espero imensamente que o conteúdo abordado tenha lhe dado condições de ser um profissional tecnicamente melhor e que isso possa fazer realmente diferença na sua vida e daqueles que você ama.

Até o próximo **MERGULHO**.

Josenildo Feijó

Impressão e acabamento
Gráfica da Editora Ciência Moderna Ltda.
Tel: (21) 2201 - 6662